# EL PODER CURATIVO DE LA CÁBALA

Rabí Aharón Shlezinger

# EL PODER CURATIVO DE LA CÁBALA

EDICIONES OBELISCO

Si este libro le ha interesado y desea que le mantengamos informado de nuestras publicaciones escríbanos indicándonos qué temas son de su interés (Astrología, Autoayuda, Cábala y Judaísmo, Naturismo, Espiritualidad, Tradición...) y gustosamente lo complaceremos.

Puede consultar nuestro catálogo en
www.edicionesobelisco.com

**Colección Cábala y Judaísmo**
EL PODER CURATIVO DE LA CÁBALA
*Rabí Aharón Shlezinger*

1.ª edición: mayo de 2015

Maquetación: *Marta Rovira Pons*
Corrección: *M.ª Jesús Rodríguez*
Diseño de cubierta: *Enrique Iborra*

© 2015, Aharón Shlezinger
© 2015, Ediciones Obelisco, S. L.,
(Reservados los derechos para la presente edición)

Edita: Ediciones Obelisco, S. L.
Pere IV, 78 (Edif. Pedro IV), 3.ª planta, 5.ª puerta
08005 Barcelona - España
Tel. (93) 309 85 25 - Fax (93) 309 85 23
E-mail: info@edicionesobelisco.com

ISBN: 978-84-16192-62-5
Depósito legal: B-9.952-2015

*Printed in Spain*

Impreso en España en los talleres de Romanyà/Valls S.A.
Verdaguer, l. 08786 Capellades (Barcelona)

# PRÓLOGO

Los sabios cabalistas nos han enseñado que las enfermedades son mensajes que provienen de lo Alto y tienen solución, ya que captando el mensaje esencial que transmiten, y corrigiendo aquello que las provocó, se puede alcanzar la curación.

¿Cómo se debe proceder? Ven y observa: en el libro del gran médico Kartana se encontraban explicados muchos secretos profundos. El autor de ese libro se llamaba Iudán, de la ciudad de Kesaria, pero se lo conocía como el médico Kartana, porque era el más grande de todos los médicos, poseedor de una sabiduría notable. Y la razón de este calificativo, Kartana, era porque así se denomina en lengua persa a un hombre destacado y sabio.

El médico Kartana explicaba de manera extraordinaria la declaración bíblica que manifiesta: «La tierra estaba informe y vacía, con oscuridad sobre la superficie del abismo, y la Presencia Divina sobrevolaba sobre la superficie de las aguas» (Génesis 1:2).

Hasta este asunto estaba escrito en el libro del gran médico Kartana. Después había una indicación en el versículo que declara: «Lo halló en tierra desierta, y en yermo de pavorosa soledad; lo trajo alrededor, lo instruyó, lo protegió como a la niña de su ojo» (Deuteronomio 32:10). A partir de esta cita se aprenden todos los procedimientos que el médico sabio debe llevar a cabo con el enfermo. Pues quien está enfermo, acostado en su cama, está preso en la cárcel de El Santo, Bendito Sea. Ya que allí confina a la persona para que medite y reflexione, se arrepienta de sus errores y conducta incorrecta, se rectifique, y sirva al Amo del mundo.

## El secreto de las enfermedades

Además, en ese libro estaba escrita esta explicación: cuando el médico sabio va a ver al enfermo: «lo halló en tierra desierta, y en yermo de pavorosa soledad». O sea, lo encontró en la cárcel del Rey, ya que lo halló con las enfermedades que estaban sobre él.

Entonces, se podría suponer: ya que El Santo, Bendito Sea, ordenó aprehender al enfermo y ponerlo en la cárcel –o sea, lo condenó a soportar la enfermedad–, nadie debería ocuparse de curarlo. Sin embargo, no es así. Pues el rey David dijo: «Bienaventurado el que piensa en el pobre; El Eterno lo librará en el día malo. El Eterno lo guardará, y le dará vida; será bienaventurado en la Tierra, y no lo entregará a la voluntad de sus enemigos. El Eterno lo sustentará sobre el lecho del dolor; invertirás toda su cama con su enfermedad –para sanarlo–» (Salmos 41:1-3).

El pobre es el enfermo que está preso en su cama. Y David dijo: «Bienaventurado el que piensa en él», para curarlo. Y si es un médico sabio, y actúa con temor de Dios, entonces El Santo, Bendito Sea, le otorga bendición para que se ocupe del enfermo y tenga éxito en la curación.

## La acción de la enfermedad

Ahora bien, cuando este médico fue a ver al enfermo, «lo halló en tierra desierta», pues estaba acostado sobre su cama desanimado, afligido y apesadumbrado, como quien deambula por el desierto y no halla agua. Y a continuación está escrito: «y en yermo de pavorosa soledad», indicándose a través de esta declaración, que esa enfermedad lo angustiaba y lo hostigaba mucho, y por eso se sentía solo y desamparado, sin contar con medios para hacer frente a esa angustiante aflicción.

Por lo tanto, cuando el médico llega, y lo ve en esas condiciones, ¿qué debe hacer? Lo debe asistir, como está escrito a continuación: «lo trajo alrededor». Es decir, debe buscar en los alrededores, investigando y esforzándose en hallar las causas del malestar, o sea, aquello que le provoca el desmejoramiento. Y ha de extraer conclusiones para encontrar el modo más apropiado de aliviarlo, suprimiendo aquello que le hace daño y deteriora su salud. Además, debe eliminar de él la sangre mala.

## Revisión del origen de la enfermedad

A continuación está escrito: «lo instruyó». (En el texto original hebreo está escrito *ibonenehu,* que comparte raíz con la expresión *biná,* que significa «entendimiento»). Pues el médico debe observar en forma meticulosa y meditar profundamente en el asunto, para entender y saber cuál fue la causa que provocó el origen de la enfermedad. Y, asimismo, debe meditar en el asunto para encontrar el modo de evitar que la enfermedad siga progresando, y cómo hacerla retroceder.

Después, el médico debe actuar tal como se indica a continuación en el versículo: «lo protegió como a la niña de su ojo». O sea, debe proteger al paciente, recetándole los preparados y las medicinas apropiados para mejorar su salud, procurando que se cuide como es debido. Y no debe cometer ningún error en la medicación. Pues, si comete un solo error, incluso en una sola cosa, puede causar un grave daño al paciente, y matarlo. Y El Santo, Bendito Sea, le considerará a ese médico como si hubiese derramado la sangre del enfermo, y lo mató.

Esto es así porque El Santo, Bendito Sea, desea que aunque ese hombre está preso en la cárcel del Rey, y estando en el calabozo no se puede liberar a sí mismo, que otro hombre se esfuerce por él, y lo ayude a salir de la cárcel.

## Consejo de médico sabio

Iudán, el médico de la ciudad de Kesaria, dijo:

—El Santo, Bendito Sea, juzga los juicios de los seres humanos en lo Alto, determinando lo que corresponde en cada caso, a cada uno en particular. Determina si una persona ha de morir, si ha de empobrecer, si ha de sufrir la amputación de uno o varios órganos de su cuerpo, si ha de ser castigada con pérdida de bienes, o si ha de ser puesta en la cárcel.

Ahora bien, aquella persona que corresponde sea castigada con pérdida de bienes caerá enferma y deberá permanecer en cama. Y no sanará hasta que dé al médico –la paga correspondiente– e invierta en su curación todo lo que fue decretado sobre ella. Entonces, ya que esta persona fue castigada con dinero, y dio todo lo que fue decretado sobre ella, sana, y sale de la cárcel.

Precisamente por este motivo hay que esforzarse por esta persona, para que entregue lo que le corresponde, de acuerdo a lo que fue establecido, y salga de su enfermedad. Y si esa persona es inteligente, se adelantará y dará el dinero como caridad, a los necesitados, librándose así de los flagelos con sabiduría y antelación.

## La influencia del flagelo

Aquel que ha de ser castigado con la pérdida total de bienes será prendido, y lo pondrán en la «cárcel», hasta que pierda todo su dinero. Y a veces se decreta que la persona ha de perder uno o varios órganos de su cuerpo, siendo amputados, o dejando de funcionar. Y después lo sacarán de la cárcel.

La persona que fue condenada a muerte, pues así se determinó en los Cielos a raíz de sus malas acciones, así ocurrirá, tal como fue estipulado. Y, aunque diere todo el rescate y todo el dinero del mundo, no se salvará. Sólo podrá salvarse a través del arrepentimiento sincero de su mal proceder y la rectificación completa.

Por esta razón, un médico sabio debe esforzarse en dar al enfermo la medicación apropiada para curar su cuerpo como es debido. Y, si no puede darle medicación para curar su cuerpo, le debe dar medicación para curar su alma, y entonces, su cuerpo sanará por sí solo. Por tanto, debe esforzarse en la medicina del alma, para que el enfermo se rectifique completamente. Y éste es el médico por el que El Santo, Bendito Sea, se esfuerza, para hacerle el bien en este mundo, y en el Mundo Venidero (III Zohar 279a y b).

## El aspecto emotivo

Hemos observado que el médico sabio debe esforzarse en curar al enfermo de la enfermedad que lo aflige, y también preocuparse de su salud espiritual y, asimismo, de su estado anímico. Ya que un asunto está vinculado con el otro. Como fue enseñado: «estaba acostado sobre su cama desanimado, afligido y apesadumbrado [...]».

A raíz de eso, debido a la gran importancia que tiene el factor espiritual, y el psicológico, en los libros ancestrales se mencionan fórmulas para combatir las enfermedades somáticas, y también, espirituales y emocionales. Por tal razón, en los libros cabalísticos de consejos y recetas para sanar enfermedades corporales, abundan también fórmulas y recomendaciones –*segulot*– para lograr el éxito y alcanzar la alegría, triunfar en los negocios, superar los traumas amorosos, combatir el temor, recuperar a un amigo, mudarse de casa, y muchos otros factores que están directamente relacionados con el aspecto emocional de la persona.

Por tanto, en esta obra nos referiremos al poder curativo de la Cábala en relación con todos esos aspectos: somático, espiritual y psicológico. Descubriremos y abriremos lo que nuestros sabios ancestrales, de bendita memoria, nos han legado, para poder hacer frente a toda circunstancia adversa, y vivir nuestras vidas plenamente.

# I

# LA HISTORIA DE LAS ENFERMEDADES

Comenzaremos estudiando la historia de las enfermedades, ya que es un dato esencial para saber su origen y comprender lo que debe corregirse con el fin de enfrentarlas y anularlas.

Los sabios nos han enseñado que el hombre al comienzo tenía a su disposición todos los medios para vivir eternamente, sano y saludable. La única condición impuesta por El Santo, Bendito Sea, era que guardara sus ordenanzas, como está escrito: «El Eterno Dios tomó al hombre y lo puso en el Jardín del Edén, para que lo trabajara y lo cuidara. Y El Eterno Dios le ordenó al hombre, diciendo: "De todo árbol del Jardín podrás comer. Pero del Árbol del Conocimiento del Bien y del Mal, no comerás; pues el día que de él comas, ciertamente morirás"» (Génesis 2:15-17). Pero el hombre infringió la ley y desaprovechó la oportunidad, como está escrito: «Y la mujer percibió que el árbol era bueno como alimento, y que era un deleite para los ojos, y que el árbol era deseable para alcanzar la sabiduría, y ella tomó de su fruto y comió; y también le dio a su marido junto a ella y él comió» (Génesis 3:6). Y después está escrito: «Ahora, que no extienda la mano y tome también del Árbol de la Vida, y coma y viva por siempre» (Génesis 3:22).

Después de la falta cometida, el hombre fue depuesto del Jardín del Edén, y perdió su condición de privilegio, como está escrito: «El Eterno Dios lo depuso del Jardín del Edén, para que trabajara la tierra de la que fue tomado» (Génesis 3:23).

En ese momento comenzó la etapa de la rectificación. Pero todavía no había enfermedades en el mundo. Las mismas surgieron mucho tiempo después, como consecuencia de un ruego del patriarca Jacob.

Pues, desde el momento en que el Santo, Bendito Sea, creó el mundo, hasta la época del patriarca Jacob, la persona marchaba por el camino y moría repentinamente. Pero Jacob, viendo lo que sucedía, dijo: «Amo del universo, si te parece bien, permite que la persona enferme, caiga en cama y ordene a sus hijos e hijas, como así a los demás integrantes de su familia».

El Santo, Bendito Sea, dijo: «Es propicio otorgar este fenómeno a través de este hombre justo». Y así ocurrió, como está escrito: «Y sucedió tras estas palabras que se le dijo a José: "He aquí que tu padre está enfermo"» (Génesis 48:1). Y después de mencionarse lo tocante a las enfermedades está escrito: «Jacob terminó de ordenar a sus hijos, colocó sus pies en la cama; expiró y fue reunido con su pueblo» (Génesis 49:33).

## LA HISTORIA DE LA MEDICINA

Desde ese entonces existieron enfermedades en el mundo, pero nunca ocurrió que alguien sanara. Esto fue así hasta la época del rey Ezequías, rey de Judá. Él, advirtiendo lo que ocurría, pensó que la persona debía tener una oportunidad de rectificarse y enmendar su camino, por eso dijo: «Amo del universo, sea tu voluntad que la persona sane de su enfermedad, baje de la cama en la que permaneció postrado, y alabe y agradezca ante Ti todos los días de su vida».

El Santo, Bendito Sea, dijo: «Es propicio otorgar este fenómeno a través de este hombre justo». Y así ocurrió, como está escrito: «Escritura de Ezequías, rey de Judá, de cuando enfermó y sanó de su enfermedad» (Isaías 38:9) (Reshit Jojmá Jupat Eliahu Raba).

Resulta que las enfermedades están en el mundo para ayudar a las personas a reflexionar y rectificarse, y que se encaucen en los caminos de El Santo, Bendito Sea.

## LA FIDELIDAD DE LAS ENFERMEDADES

Las enfermedades son fieles a El Santo, Bendito Sea, como se enseña en el Talmud: cuando los flagelos son enviados a la persona, se les toma juramento en los Cielos, que no irán sino en el día determinado que se les fija, y que no se marcharán de la persona sino en el día determinado que se les fija, en la hora determinada que se les fija, y a través del hombre –médico– que se fija, como así a través del elixir –medicamento– que se fija.

Ahora bien, ¿de dónde se aprende que se toma juramento a los flagelos y ellos lo cumplen? Tal como enseñó Rabí Iojanán: ¿A qué se refiere lo que está escrito: «Entonces El Eterno hará que tus plagas y las plagas de tus descendientes sean extraordinarias, plagas grandes y fieles, y enfermedades malas y fieles» (Deuteronomio 28:59)?

¿Cuál es la parte mala de las enfermedades, y cuál es la fidelidad de ellas? La parte mala de ellas está vinculada con su misión, que afligen al cuerpo, y la fidelidad de ellas, está vinculada con su juramento, al cual cumplen (Talmud, tratado de Avodá Zará 55a).

## El cumplimiento de la palabra

Ya vimos que los flagelos son muy rigurosos con el cumplimiento de los juramentos, siendo éste un precepto bíblico esencial, como está escrito: «Si un hombre hace un voto a El Eterno o jura un juramento para establecer una prohibición para sí mismo, no profanará su palabra; según todo lo que salga de su boca, así hará» (Números 30:3). Por eso los sabios se esforzaban en hacer que las personas cumplieran los juramentos y los votos.

## La observancia de los votos

A continuación observaremos un ejemplo. En el Talmud se narra este caso:

> Un hombre le dijo a su esposa:
> —Prometo que no tendré provecho de ti hasta que le muestres, de lo que posees, un defecto apropiado a Rabí Ishmael, el hijo de Rabí Iosei.
> Ya que el hombre había emitido una promesa, el asunto fue llevado al erudito para que decidiera qué se debía hacer. Y éste intentó hallar en la mujer un defecto apropiado para que se cumpliera la promesa y estuviese permitida nuevamente a su marido. Por eso comenzó a investigar, y preguntó:
> —¿Tal vez su cabeza es bella?
> Y le respondieron:
> —La forma es ovalada.
> El sabio prosiguió con su investigación y dijo:

—¿Quizá su cabello es bello?

Le respondieron:

—Se asemeja al lino sin procesar.

El erudito insistió y dijo:

¿Tal vez sus ojos son agradables?

Le respondieron:

—Son estriados.

El maestro insistió y preguntó:

—¿Quizá sus orejas son bellas?

Le respondieron:

—Son enormes.

El sabio preguntó:

—¿Y su nariz, cómo es?

Le respondieron:

—Es chata.

Aun así no se dio por vencido y dijo:

—¿Y sus labios?

Le respondieron:

—Son gruesos.

Después propuso:

—¿Y su cuello?

Le respondieron:

—Es corto –parece como si la cabeza estuviera colocada sobre los hombros.

El sabio preguntó:

—¿Y su cintura?

Le respondieron:

—Es obesa.

Entonces el erudito preguntó:

—¿Y sus pies?

Le respondieron:

—Son anchos, como los de un pato.

El sabio intentó un último recurso y dijo:

—¿Cuál es su nombre?

Le respondieron:

—Lijlujit.

Al escuchar esa respuesta, el erudito dijo:

—¡Está permitida! ¡La promesa ha sido cumplida! Pues Lijlujit significa «manchada», y es un nombre que concuerda con su condición, ya que está totalmente manchada de defectos. Es un defecto apropiado para ella (Talmud, tratado de Nedarim 66b).


## ROMPIENDO LAS PROMESAS

Tal como hemos visto, los juramentos y las promesas deben ser cumplidos, siendo éste un principio básico de la Biblia y además un aliciente para ser una persona honesta y creíble, ¿pero, no hay nada que se pueda hacer en caso de que uno se hubiera equivocado y se arrepiente de lo que había jurado o prometido?

Los sabios estudiaron por tradición proveniente directamente de Moisés que en un caso así se puede anular el juramento o la promesa. Aprendieron esto a partir de lo que está escrito: «Si un hombre hiciere una promesa a El Eterno o jurare un juramento para establecer una prohibición para sí mismo, no profanará su palabra» (Números 30:2-3).

Dedujeron: él mismo no profanará su palabra, pero si se arrepiente de lo que hizo, un sabio puede hacerlo para él, le puede anular el juramento o la promesa.

¿Y cómo se procede en un caso así? El que hizo el voto debe dirigirse al sabio más grande, o a tres hombres comunes en caso de no haber un sabio experto, y entonces dirá:

—Yo he jurado esto y esto, y me arrepiento de haberlo hecho. Y si hubiese sabido que el juramento me causaría tal aflicción, o que me sucedería esto, no hubiera jurado. Y si hubiese tenido conciencia en el momento de jurar como la tengo ahora, no hubiese jurado.

Entonces el sabio, o el más grande de los tres hombres, le dirá:

—¿Ya te has arrepentido?

Y el que había jurado responderá:

—¡Sí!

Entonces el sabio le dirá:

—¡Te está permitido!

O le dirá: ¡Estás perdonado! (Maimónides, leyes de juramentos 6:4).

## NEUTRALIZAR LAS ENFERMEDADES

Con las enfermedades ocurre algo similar, pues el juramento mencionado de ellas se realiza con el ángel que está a cargo de las mismas, a él se le toma juramento del tiempo de llegada y salida de los flagelos, como así los demás detalles mencionados en el Talmud, es decir, con qué persona se irán y a través de qué medio.

Aun así, mediante arrepentimiento –y rectificación–, oración, y caridad, se puede anular el juramento del ángel encargado de los flagelos (*véase* Talmud, tratado de Avodá Zara 55a: exégesis de Maarshá).

## Los fundamentos estructurales

Ahora bien, para rectificarse y saber el modo de neutralizar el efecto del juramento del ángel encargado de los flagelos y las enfermedades, hay que conocer los fundamentos estructurales del mundo, el alma, el cuerpo y los preceptos. Ya que todos estos medios interactúan entre sí y están estrechamente vinculados, a tal punto que unos dependen de los otros. Puesto que un alma sin cuerpo no podría cumplir los preceptos, y lo mismo un cuerpo sin alma; y si no existieran almas y cuerpos que las contienen, no habría quien cumpliera los preceptos en el mundo. Y un mundo sin preceptos no podría existir, como está escrito: «Así ha dicho El Eterno: si no hubiese entablado mi pacto con el día y la noche, no hubiese puesto las leyes de los Cielos y la Tierra» (Jeremías 33:25). Y el pacto entablado con el día y la noche se refiere a los preceptos de la Torá, como está escrito: «Nunca se apartará de tu boca este libro de la Torá, sino que de día y de noche meditarás en él, para que guardes y hagas conforme a todo lo que en él está escrito; para que prosperes en tu camino y actúes con sensatez» (Josué 1:8).

Todos estos entes mencionados están vinculados entre sí y ligados esencialmente al Nombre de El Santo, Bendito Sea, siendo ésta una combinación idónea y perfecta. Y quien la conozca y logre la sintonía entre todas las partes conseguirá llegar a lo Alto y vencer todos los obstáculos que se pongan en su camino. Es decir, conseguirá sobreponerse y vencer incluso a los flagelos y las enfermedades. Y para eso es imprescindible conocer los misterios del alma, el cuerpo humano, el mundo, el Nombre de El Santo, Bendito Sea, y el vínculo existente entre ellos.

# II

# LOS MISTERIOS DEL ALMA

Para conocer los misterios del alma, hay que meditar en lo que
está escrito: «La Lámpara de Dios es el alma del hombre» (Proverbios 20:27). ¿Qué se aprende de aquí? Que el alma de la persona es una lámpara, un destello de la Luz de Dios.

Obsérvese que está escrito: «la Lámpara de Dios», y no está
escrito: «la Luz de Dios». ¿Por qué razón? Para enseñar un asunto
esencial, que el alma, con sus grados, es parte y un destello de la
Luz de Dios.

## LOS GRADOS DEL ALMA

¿Cuáles son los grados del alma? Uno se denomina *Nefesh,* otro
se denomina *Ruaj,* y otro se denomina *Neshamá.*

En hebreo estos nombres se escriben así:

| נפש | *Nefesh* |
|---|---|
| רוח | *Ruaj* |
| נשמה | *Neshamá* |

Estos tres grados, ¿cómo están indicados en el versículo antedicho? Para comprenderlo debemos considerar que la expresión «Lámpara», en el texto original hebreo está escrita mediante la locución *Ner.*

נר

Ner es un acrónimo formado por las palabras: *Nefesh, Ruaj*

| נ | נפש |
|---|-----|
| ר | רוח |

En tanto que *Neshamá* consta explícitamente en el versículo, como está escrito: «La Lámpara de Dios es el alma –*Neshamá*– [...]».

¿Qué se aprende? Que los tres grados del alma: *Nefesh, Ruaj* y *Neshamá,* todos ellos son destellos de santidad de la irradiación de luminosidad proveniente de Dios. A esto se refiere lo que está escrito: «La Lámpara de Dios es el alma del hombre».


## El origen del alma

Los conocedores de los secretos de la Cábala saben que el Mundo Supremo, denominado «El Mundo de la Emanación –*Atzilut*–», es un Nombre de El Santo, Bendito Sea. Pues toda la creación está conformada y plasmada por Nombres de El Santo, Bendito Sea.

¿Por qué se denomina al Mundo de la Emanación –*Atzilut*– el Mundo Supremo? Porque cuando El Santo, Bendito Sea, creó el universo, originó cuatro mundos espirituales en este orden: el Mundo de la Emanación –*Atzilut*–, el Mundo de la Creación –*Briá*–, el Mundo de la Formación –*Ietzirá*– y el Mundo de la Acción –*Asiá*–.

Todos estos mundos son espirituales, y del último mundo mencionado, *Asiá*, surgió el mundo en el que vivimos. Y el Mundo Supremo de todos los mencionados es el Mundo de la Emanación –*Atzilut.*

## CARACTERÍSTICAS DEL MUNDO SUPREMO

El Mundo de la Emanación –*Atzilut*– incluye 248 irradiaciones de luminosidad asociadas al misterio de los preceptos activos y 365 irradiaciones de luminosidad asociadas al misterio de los preceptos pasivos, que representan la Voluntad de El Santo, Bendito Sea. Es decir, estas irradiaciones de luminosidad asociadas al misterio de los 613 preceptos (248 preceptos activos y 365 preceptos pasivos) indican lo que debe hacerse en este mundo en el que vivimos, el Mundo de la Acción –*Asiá*–, para vincularse con Él.

## VÍNCULO DE LA VOLUNTAD SUPREMA

¿Dónde se indica el vínculo existente entre estos 613 preceptos y El Santo, Bendito Sea? En el versículo que declara: «También le dijo Dios a Moisés: "Así dirás a los Hijos de Israel: El Eterno, el Dios de vuestros antepasados, el Dios de Abraham, el Dios de Isaac y el Dios de Jacob, me ha enviado a vosotros; éste es Mi Nombre por siempre, y éste es Mi Recuerdo, de generación en generación"» (Éxodo 3:15).

Resulta que, a través de El Nombre de El Santo, Bendito Sea, aquí revelado, y el Recuerdo, se cumplirá con su Voluntad, de generación en generación. Ahora bien, ¿de qué manera se lleva a la práctica?

## EL NOMBRE SUBLIME

Para comprenderlo, observemos cómo está escrito el Nombre de El Eterno en el texto original hebreo. Está escrito con estas letras:

ה ו ה י

Ahora veamos cómo está escrito en el texto original hebreo el mensaje que indica la forma de vincularse con su Voluntad. Como está dicho: «éste es Mi Nombre por siempre, y éste es Mi Recuerdo, de generación en generación». La expresión: «Éste es Mi Nombre por siempre» en el texto original hebreo está escrita así:

זה שמי לעלם

El eje de esta declaración es «Mi Nombre».

שמי

La expresión: «Y éste es Mi Recuerdo, de generación en generación», en el original hebreo está escrita así:

וזה זכרי לדר דר

El eje de esta declaración es «Mi Recuerdo»

זכרי

24

A continuación, observaremos cómo cumplir con estos dos mensajes esenciales que revelan la Voluntad de El Eterno asociándolos a su Nombre.

## 365 PRECEPTOS PASIVOS

Primeramente tomamos la primera mitad del Nombre de El Eterno y lo asociamos a «Mi Nombre».

ה–י   Primera parte del Nombre
שמי   Mi Nombre

Observemos el valor numérico de esta asociación:

י   10
ה   5
---
15

ש   300
מ   40
י   10
---
350

Ahora sumaremos el valor 15, que corresponde a la primera parte del Nombre de El Santo, Bendito Sea, con 350, que es el valor numérico de «Mi Nombre»:

$$15 + 350 = 365$$

Resulta que asociando la primera parte del Nombre de El Santo, Bendito Sea, a «Mi Nombre», se obtiene como resultado 365, que es la cantidad de preceptos pasivos proscritos por Él en la Torá para vincularse con su Voluntad.

## 248 Preceptos activos

Ahora haremos lo mismo con el otro vínculo mencionado: «Mi Recuerdo», que asociaremos a la segunda parte del Nombre de El Santo, Bendito Sea. Tomamos la segunda mitad del Nombre de El Eterno y lo asociamos a «Mi Recuerdo».

| ו–ה | Segunda parte del Nombre |
| זכרי | Mi Recuerdo |

Veamos el valor numérico de esta asociación:

| | |
|---|---|
| ו | 6 |
| ה | 5 |
| | **11** |

| | |
|---|---|
| ז | 7 |
| כ | 20 |
| ר | 200 |
| י | 10 |
| | **237** |

Ahora sumamos el valor 11, que corresponde a la segunda parte del Nombre de El Santo, Bendito Sea, con 237, el valor numérico de «Mi Recuerdo»:

$$11 + 237 = 248$$

Resulta que asociando la segunda parte del Nombre de El Santo, Bendito Sea, a «Mi Recuerdo», se obtiene como resultado 248, que es la cantidad de preceptos activos prescritos por Él en la Torá para vincularse con su Voluntad.

## Vínculo completo

Ahora sumaremos los preceptos activos más los pasivos, indicados para unirse a la Voluntad de El Santo, Bendito Sea:

$$248 + 365 = 613$$

Surge de aquí que, a través de los 613 preceptos prescritos en la Torá, se consigue un vínculo completo con El Santo, Bendito Sea.

Y, tal como habíamos dicho previamente, el Mundo de la Emanación –*Atzilut*–, es un Nombre de El Santo, Bendito Sea, por lo que se vincula con el Tetragrama.

י ה ו ה

Resulta que el Nombre de El Santo, Bendito Sea, el Tetragrama, está incluido de 248 y 365 prescripciones –preceptos–. Aunque también dijimos que el Mundo de la Emanación –*Atzilut*– es un Mundo Supremo, oculto. Y eso está indicado también en este vínculo. Pues está escrito: «Éste es Mi Nombre por siempre».

La expresión «por siempre», en el texto original hebreo está escrita mediante la locución *leolam*. Y *olam* significa «siempre», y también «mundo». Y se alude a un asunto muy importante, como veremos a continuación: *leolam,* en forma completa se escribe así:

לְעוֹלָם

Pero, en este caso, esta expresión está escrita en el versículo en forma carente, sin la letra *vav,* de este modo:

לְעָלָם

Al estar ausente la letra *vav,* la palabra *olam* se puede leer también *elem,* que significa «oculto». Es decir, se indica aquí un Mundo Oculto, que es el Mundo de la Emanación –*Atzilut.*


## El mundo oculto

Saber esto es sumamente importante, porque indica que los 613 preceptos aludidos no son físicos. O sea, 613 irradiaciones ocultas de luminosidad, absolutamente espirituales, no siendo posible aprehenderlas a través de la mente humana para saber sus características y conocer su esencia. Pues no tienen ninguna característica terrenal ni física que permita su cognición.

# III

# LA ANATOMÍA DEL ALMA

Ya hemos mencionado que el alma proviene de Dios y, a raíz de eso, conserva su misma esencia.

Pues todo lo que surge de algo conserva su misma esencia. Por lo tanto, así como el Nombre de El Santo, Bendito Sea, está vinculado con 613 preceptos, lo mismo ocurre con el alma. Y eso está indicado en los tres grados del alma: *Nefesh, Ruaj* y *Neshamá*.

Para comprobarlo se deben tomar las letras iniciales y las letras finales de estas palabras y sumarlas.

Comencemos por *Nefesh:*

נפש    *Nefesh*

La letra inicial es *nun,* y la letra final es *shin.* Y éste es el valor numérico de esas letras:

| | |
|---|---|
| נ | 50 |
| ש | 300 |
| | **350** |

Seguimos con *Ruaj:*

רוח   *Ruaj*

La letra inicial es *reish,* y la letra final es *jet.* Y éste es el valor numérico de esas letras:

ר   200

ח   8

**208**

Ahora nos remitimos a *Neshamá:*

נשמה   *Neshamá*

La letra inicial es *nun,* y la letra final es *he.* Y éste es el valor numérico de esas letras:

נ   50

ה   5

**55**

Ahora sumamos los resultados obtenidos:

$$350 + 208 + 55 = 613$$

Resulta que el alma de la persona conserva las mismas propiedades del Mundo de la Emanación –*Atzilut*–, asociado al misterio del Nombre de El Santo, Bendito Sea.

## Un cuerpo ideal

Estas 613 irradiaciones de luminosidad espirituales de las que está incluida el alma se vinculan con el misterio de 613 estructuras óseas y conductos sanguíneos espirituales. Pues las 248 irradiaciones de luminosidad vinculadas con las estructuras óseas del alma son blancas; y las mismas provienen de las 248 irradiaciones de luminosidad vinculadas con los preceptos activos del Mundo de la Emanación –*Atzilut*–, que son irradiaciones de luminosidad de tonalidad blanca. Y están asociadas con el atributo de la misericordia en dirección de la bondad.

¿De dónde los sabemos? Porque el valor 248 se escribe mediante las letras hebreas *reish, mem, jet.*

רמח

Estas letras son las mismas que las de la palabra *rajem:*

רחם

*Rajem* significa «amor». Es decir, amor y bondad para emblanquecer las faltas de los Hijos de Israel, según el misterio del versículo que declara: «Id por favor, y esclarezcamos –vuestra situación–, dirá El Eterno; si vuestros pecados fueren como la grana, serán emblanquecidos como la nieve; si fueren rojos como el carmesí, vendrán a ser –blancos– como la lana» (Isaías 1:18).

## Conductos sanguíneos

Las 365 irradiaciones de luminosidad vinculadas con los conductos sanguíneos del alma son rojas; y las mismas provienen de las 365 irradiaciones de luminosidad vinculadas con los preceptos pasivos del Mundo de la Emanación –*Atzilut*–, que son irradiaciones de luminosidad de tonalidad roja. Y están asociadas con el atributo del rigor del juicio en dirección del juicio.

¿De dónde los sabemos? Porque el valor 365 se escribe mediante las letras hebreas *shin, samej, he*.

שסה

Esta palabra se vincula con el misterio de lo revelado. Pues las letras *shin, samej, he,* forman la palabra *shesa,* que significa «revelación». Como está escrito: «Aunque él fructifique entre los hermanos, vendrá el solano, el viento de El Eterno, se levantará desde el desierto, y se secará su fuente, y se agotará su manantial; él despojará –*ishse*– el tesoro de todas sus preciosas joyas» (Oseas 13:15). Es decir, las 365 irradiaciones de luminosidad revelan las faltas de los que las cometieron para aplicar el rigor del juicio sobre ellos.

## ENTRANDO EN LA VESTIMENTA

Ya hemos visto que el alma está incluida de 248 estructuras óseas blancas y 365 conductos sanguíneos rojos, siendo todos ellos espirituales. Y el alma con todos sus componentes se inviste en el cuerpo de la persona, como reveló Job: «Me vestiste de piel y carne, y me cubriste con huesos y conductos sanguíneos» (Job 10:11). Es decir, con una imagen, un aspecto y un molde hecho para el alma, que fue vestida con la vestimenta de 248 estructuras óseas físicas blancas, y 365 conductos sanguíneos llenos de sangre roja. Pues la vestimenta debe ser a medida y según el modelo de aquel a quien vestirá (Shefa Tal).

## VESTIMENTA DE PIEL Y CARNE

En el Zohar se añade acerca de este asunto: cuando Adán, el primer hombre, fue creado, ¿qué está escrito acerca de él? Está escrito: «Me vestiste de piel y carne, y me cubriste con huesos y conductos sanguíneos» (Job 10:11). Ahora bien, tomando en cuenta lo declarado en esta cita, ¿qué es el hombre? Si dijeras que no es más que piel y carne, y huesos y conductos sanguíneos, no es posible aseverar eso. Pues, ciertamente, el hombre no es sino el alma, que es quien expresa en el versículo mencionado: «me vestiste de piel y carne, y me cubriste con huesos y conductos sanguíneos». Y estos miembros y órganos que fueron mencionados: piel y carne, huesos y conductos sanguíneos, todos ellos son sólo una vestimenta. Son vestimentas del alma y no conforman la esencia del hombre. Y, cuando el hombre se aparta del mundo, al fallecer, el alma se desviste de esas vestimentas que vistió en su estadía en este mundo (II Zohar 75b-76a).

# IV

# EL MISTERIO DEL CUERPO HUMANO

Como hemos visto, el hombre es el alma, y el cuerpo es la vestimenta; y ahora observaremos cómo se encuentran todos estos detalles mencionados, exactamente distribuidos en esta vestimenta del alma, el cuerpo humano.

Comencemos por el primer detalle, dijimos que la vestimenta del alma, que es el cuerpo humano, está compuesta de 248 estructuras óseas físicas blancas, y 365 conductos sanguíneos llenos de sangre roja. Se aprecia aquí la presencia del color blanco y el color rojo. Y estas tonalidades están presentes en el momento de la concepción. Pues para que se forme un cigoto, que es la primera célula de un ser humano, debe producirse la unión del gameto masculino con el femenino. El gameto masculino es el espermatozoide, y el gameto femenino es el óvulo. Uno se une con el otro y forman el cigoto, el origen de un nuevo ser humano.

Curiosamente, el gameto masculino es blanco, y el gameto femenino es rojo.

## El enigma del nacimiento

Acerca de este asunto se enseñó en el Talmud: para que se produzca el nacimiento de un hijo, diez cosas debe aportar el ser humano y diez, Dios. El padre genera en su hijo lo blanquecino del mismo. Es decir, los nervios, los huesos, el cerebro, las uñas y lo blanco del ojo –cinco elementos físicos.

Mientras que la madre genera la parte colorida. Es decir, los pigmentos de la piel, la carne, la sangre, el color del cabello, lo negro del ojo –cinco elementos físicos.

En tanto Dios otorga las diez facultades espirituales que permiten al ser humano estar completo: el espíritu, el alma, las facciones del rostro, el sentido visual, el sentido auditivo, la capacidad del habla, locomoción, entendimiento, comprensión e inteligencia –diez asuntos espirituales (Talmud, tratado de Nidá 31a).

## El modelo perfecto

Este estudio mencionado nos permite iniciar una meditación profunda que nos llevará a comprender cómo los conceptos espirituales se reflejan perfectamente en lo material cada vez que un ente espiritual se materializa.

Tal como fue enseñado: «todo lo que existe en estado material existe en estado espiritual» (véase *Numerología y Cábala* pág. 145).

Y también fue enseñado: «Para que algo exista en el mundo en estado material, debe existir previamente en forma espiritual» (Ibíd.).

## La célula madre

El cuerpo humano conserva las características del alma, que a su vez conserva las características de El Santo, Bendito Sea, como hemos dicho previamente. Y cada detalle del cuerpo humano es una prueba evidente de este aforismo.

Para comprender este asunto en forma profunda, y racionalizarlo apropiadamente, aprovecharemos ejemplos y enseñanzas ilustrativas derivadas de los descubrimientos científicos actuales. ¿Por qué razón? En el libro Zohar se enseñó que en la sexta centuria del sexto milenio se abrirán los manantiales de sabiduría en el mundo (I Zohar 117a). Y la sabiduría mencionada comprende las profundas enseñanzas de la Cábala, como así la ciencia en general.

Esta fecha citada corresponde al año 1840 de nuestra era. Desde entonces, la ciencia creció extraordinariamente, a pasos agigantados. Por tal razón, poseemos en la actualidad una vasta información científica que resulta sumamente útil para ilustrar los fundamentos de la creación.

Observemos algunas coincidencias importantes: los científicos han descubierto que, para que se forme el cigoto, se deben unir un gameto masculino –espermatozoide– con un gameto femenino –óvulo–, como hemos dicho previamente. ¿Y cuántos cromosomas tiene un gameto masculino? Pues 23. ¿Y cuántos cromosomas tiene un gameto femenino? También 23.

Ambos gametos se unen y forman el cigoto, la primera célula que originará a un nuevo ser humano. El cigoto tiene 46 cromosomas. Esta célula se dividirá y se multiplicará, generando innumerables células de 46 cromosomas. Todas las células del cuerpo humano tienen 46 cromosomas, con excepción de las células de la reproducción, que tienen la mitad, como hemos dicho.

Este dato científico actual, ¿qué relación tiene con el alma, y El Santo, Bendito Sea?

Pues hemos dicho que el cuerpo posee las mismas características que el alma, y ésta de El Santo, Bendito Sea.

## EL SECRETO DEL HOMBRE

Veamos qué se sigue diciendo en el libro de Cábala que hemos citado anteriormente, y del cual hemos aprendido los conceptos mencionados. En Shefa Tal se enseña a continuación: ya hemos visto que el alma es quien se denomina verdaderamente «hombre», y no, el cuerpo, la carne, los conductos sanguíneos y los huesos. Ahora bien, es sabido que la palabra hebrea con que se denomina a un hombre es *adam,* que proviene del término *adamá,* que significa «tierra». ¿Y por qué se denomina de esa forma al alma, mediante una palabra que se refiere a elementos terrenales? Pues el alma es un ente lleno de luz, y absolutamente espiritual. ¿Cómo se explica?

La respuesta es ésta: ya hemos dicho que el alma proviene de El Santo, Bendito Sea, y mantiene los rasgos de su esencia. Y El Santo, Bendito Sea, también se denomina Adam, como está escrito en el libro de Ezequiel: «Y sobre la expansión que había sobre sus cabezas se veía la semejanza de un Trono que tenía aspecto como de piedra de zafiro; y sobre la semejanza del Trono había arriba una semejanza que tenía apariencia de Hombre –Adam– que estaba sobre él» (Ezequiel 1:26).

La declaración: «y sobre la semejanza del Trono había arriba una semejanza que tenía apariencia de Hombre –Adam– que estaba sobre él», está asociada al misterio del Nombre de El Santo, Bendito Sea. Pues el Nombre de El Santo, Bendito Sea, se escribe así:

$$\text{ה ו ה י}$$

Estas letras en forma desarrollada se escriben así:

$$\text{יוד הא ואו הא}$$

Ahora calcularemos el valor numérico:

$$\text{ה} = 5 \quad \text{ו} = 6 \quad \text{ה} = 5 \quad \text{י} = 10$$
$$\text{א} = 1 \quad \text{א} = 1 \quad \text{א} = 1 \quad \text{ו} = 6$$
$$\text{ו} = 6 \qquad\qquad\qquad \text{ד} = 4$$
$$\overline{\phantom{xx}} \qquad \overline{\phantom{xx}} \qquad \overline{\phantom{xx}} \qquad \overline{\phantom{xx}}$$
$$6 \qquad 13 \qquad 6 \qquad 20$$

Sumamos los valores parciales: 20 + 6 + 13 + 6 = 45

Resulta que el valor numérico del Nombre de El Santo, Bendito Sea, expandido es igual a 45.

Calculemos ahora el valor numérico de Adam

$$\text{א} = 1$$
$$\text{ד} = 4$$
$$\text{ם} = 40$$
$$\overline{\phantom{xxxx}}$$
$$45$$

Resulta que el valor numérico de Adam es igual a 45.

Hay aquí una evidencia clara entre el Nombre de El Santo, Bendito Sea, y el Hombre supremo espiritual mencionado en el libro de Ezequiel, en relación con El Eterno.

## El vínculo supremo del alma

El Hombre Supremo está incluido de 248 estructuras óseas espirituales, y 365 conductos sanguíneos espirituales. Y así también ocurre con el alma, que proviene de El Santo, Bendito Sea, como hemos dicho. Ya que el alma se denomina «el hombre inferior», espiritual, incluido de 248 estructuras óseas espirituales, y 365 conductos sanguíneos espirituales.

Esto está vinculado con el misterio del versículo que declara: «Y dijo Dios: "Hagamos al hombre a Nuestra Imagen, y a Nuestra Semejanza"» (Génesis 1:26). No es posible decir que piel, carne, huesos y conductos sanguíneos, del cuerpo de la persona, estén hechos a Imagen y Semejanza de Dios. Pues El Santo, Bendito Sea, no tiene un cuerpo, piel, carne, huesos ni conductos sanguíneos –ya que es ilimitado y eterno–, sino que se refiere al alma, que se denomina «hombre –Adam».

Y ésta es la explicación: así como nuestra imagen que se denomina Adam, está incluida de 365 conductos sanguíneos y 248 estructuras óseas, espirituales y ocultos, de acuerdo con esa Imagen y Semejanza, fue hecho el hombre en lo bajo, de manera que está incluido de 365 conductos sanguíneos y 248 estructuras óseas (Shefa Tal).


## Una ecuación aritmética

Se aprecia que la esencia del hombre, asociada al alma y a El Santo, Bendito Sea, tiene un valor numérico igual a 45.

Por otro lado, hemos estudiado que lo que diferencia a una persona de un animal, o de cualquier otro ente físico, es la facultad del habla, como está escrito: «y el hombre fue un ser viviente *—nefesh jaia—*» (Génesis 2:7). Esta declaración revela que el hombre posee alma de vida, al igual que todos los demás seres vivientes, pero también tiene facultades cognitivas y capacidad de hablar *—nefesh jaia—*. Tal como Onkelus traduce al arameo: *ruaj memalelá*. Esta expresión significa: «capacidad de hablar» *(véase Las claves de la numerología cabalística*, pág. 8).

Esta capacidad de hablar del hombre se añade al valor numérico de las palabras, denominándoselo el valor intrínseco *—kolel—*. Es decir, cada palabra tiene un valor numérico, y también se le agrega el valor intrínseco 1, correspondiente a la voz de la pronunciación de la palabra. Y es éste un principio fundamentado en la Biblia *(véase la explicación completa de este concepto en Las claves de la numerología cabalística,* capítulo III).

Por lo tanto, si al valor numérico de «hombre» le añadimos el valor intrínseco 1, resulta:

$$45 + 1 = 46$$

La esencia de un hombre equivale a 46, y lo mismo ocurre con el nombre de El Santo, Bendito Sea, que como dijimos, su valor expandido es 45, que agregándole el valor intrínseco 1, da 46.

Esto quiere decir que los descubrimientos científicos actuales ilustran los principios esenciales de la creación expuestos en los libros de Cábala que recopilan enseñanzas milenarias.


## HUESOS Y SANGRE

Veamos ahora lo relacionado con las 248 estructuras óseas físicas blancas, y los 365 conductos sanguíneos llenos de sangre roja.

En el tratado de la Mishná denominado Oalot se enseña: en el hombre hay 248 estructuras óseas. Treinta –huesos– en el pie, seis en cada dedo; diez en el talón; dos en la pierna, cinco en la rodilla, uno en el muslo. Tres en la cadera, once costillas. Treinta en la mano, seis en cada dedo; dos en el antebrazo; dos en el codo; uno en el brazo; y cuatro en el hombro. He aquí ciento y un huesos de este lado del cuerpo; y hay otros ciento y un huesos de este otro lado del cuerpo. Y hay dieciocho vértebras de la columna vertebral; nueve en la cabeza; ocho en el cuello; seis en el pecho, junto al corazón; y cinco junto al aparato reproductor (Mishná, tratado de Oalot 1:8).

## ESCUDRIÑAMIENTO DE UN CUERPO HUMANO

En el Talmud consta este hecho: dijo Rabí Iehuda en nombre de Shmúel: ocurrió que los discípulos de Rabí Ishmael escaldaron a una mujer meretriz que fue condenada a morir quemada por orden del rey. Ellos revisaron y hallaron en ella 252 huesos. Después fueron y preguntaron a su maestro cuántos huesos hay en el hombre. Él respondió: 248. Ellos le dijeron que habían hallado 252, y el maestro les dijo: «¿Quizás habéis revisado –la cantidad de huesos que hay– en una mujer?».

## LOS HUESOS ADICIONALES DE LA MUJER

A continuación el maestro explicó cómo lo sabía, considerando que en la Mishná se reveló que un hombre tiene 248 huesos. Dijo: «Porque en las Escrituras le fueron agregadas a la mujer dos "bisagras" y dos "puertas"».

Asimismo fue estudiado: dijo Rabí Eleazar: así como hay bisagras en la casa, del mismo modo hay bisagras en la mujer, como está dicho: «Y su nuera, la mujer de Pinjas, que estaba embarazada, cercana al alumbramiento, oyó que el Arca de Dios había sido tomada, y muertos su suegro y su marido, se inclinó y dio a luz; porque se volvieron precipitadamente sobre ella las contracciones –*tzirea*–» (I Samuel 4:19). La expresión «se volvieron» en el texto original hebreo está escrita mediante la locución *neefjú,* y los exegetas explicaron que se refiere a la acción de girar. En tanto que la expresión «contracciones», en el texto original hebreo está escrita mediante la locución *tzirea,* que comparte raíz con *tzir,* que significa «bisagra».

Dijo Rabí Iehoshúa:

—Así como hay puertas en la casa, también la mujer tiene puertas, como está dicho: «Por cuanto no cerró las puertas de mi vientre» (Job 3:10).

Dijo Rabí Akiva:

—Así como en la casa hay llave, también hay llave en la mujer, como está escrito: «Dios recordó a Raquel; Dios la escuchó y abrió su matriz» (Génesis 30:22).

En el texto original hebreo la expresión «abrió» está escrita mediante la locución *vaiftaj,* que viene de *mafteaj,* que significa «llave». Pero, si es así, lo manifestado por Rabí Akiva se contradice con la prueba de los discípulos de Rabí Ishmael, que analizaron el cuerpo de una mujer y hallaron 252 huesos. ¿Y cómo Rabí Akiva dijo que hay uno más?

La respuesta es que ese hueso mencionado por Rabí Akiva no tiene la misma dureza que los demás huesos, y se derritió cuando escaldaron el cuerpo. Por eso los discípulos de Rabí Ishmael no lo contabilizaron (Talmud, tratado de Bejorot 45a).

## Una estructura completa

Resulta que el cuerpo humano tiene 248 huesos, tanto el del hombre como el de la mujer; sólo que la mujer tiene cuatro huesos adicionales para necesidad del embarazo y el alumbramiento. Es decir, para cumplir con lo que está escrito: «El Eterno Dios, con el costado que había tomado del hombre, construyó una mujer y la llevó ante el hombre. Y el hombre dijo: "Esta vez es hueso de mis huesos y carne de mi carne. Ésta será llamada Ishá –mujer–, pues del Ish –hombre– fue tomada". Por tanto, el hombre dejará a su padre y su madre y se unirá a su mujer, y se transformarán en una sola carne» (Génesis 2:22-24). El exegeta Rashi reveló: «y se transformarán en una sola carne», con el nacimiento de un hijo.

## Dos velas que iluminan

Por esta razón se acostumbra a que los dos padrinos que acompañan al novio al palio nupcial lleven una vela en la mano. Porque el término hebreo que representa una vela es *ner*. El valor numérico que corresponde con las letras de *ner* es 250. Ya que *Ner* se escribe mediante las letras *nun* y *reish*; siendo el valor de *nun* 50 y el de *reish* 200. Veámoslo gráficamente: la expresión *ner* en el texto original hebreo está escrita así:

נר

Éste es el valor numérico de *ner*:

$$
\begin{array}{rcl}
נ & = & 50 \\
ר & & 200 \\
& = & \overline{250}
\end{array}
$$

Por lo tanto, si una vela –ner– equivale a 250, dos velas contienen un valor numérico igual a 500.

Ahora bien, como vimos, en el Talmud se revela que el hombre posee 248 huesos, y la mujer posee 252 huesos, sumándolos resulta:

$$248 + 252 = 500$$

Es decir, se acompaña al novio con dos velas, en mérito de la unión que formalizó con su prometida, constituyendo entre ambos un conjunto de 500 huesos.

Asimismo, el valor 500 de las dos velas es igual al valor numérico de la expresión hebrea *pru urbú,* que significa: «Fructificad y multiplicaos». Como está escrito: «Dios bendijo a Noé y a sus hijos, y les dijo: "Fructificad y multiplicaos, y llenad la Tierra"» (Génesis 9:1). A través de este medio se les desea a los novios que sean fructíferos teniendo hijos *(véase* Taamei Haminaguim).


## UNA PRÓSPERA FRUCTIFICACIÓN

Veámoslo gráficamente: «fructificad y multiplicaos –*pru urbu*–», en el original hebreo está escrito así.

פרו ורבו

Éste es el valor numérico de *pru urbú:*

| | | |
|---|---|---|
| פ | = | 80 |
| ר | = | 200 |
| ו | = | 6 |
| ו | = | 6 |
| ר | = | 200 |
| ב | = | 2 |
| ו | = | 6 |
| | | 500 |

## Cuerpo sano y completo

Lo concerniente a las 248 estructuras óseas del cuerpo humano también fue mencionado en el Código Legal –Shulján Aruj.

En la alabanza denominada «Shemá Israel», hay en total de 245 palabras; y para completar el valor 248, equivalente a la cantidad de estructuras óseas que hay en el cuerpo del hombre, el oficiante que conduce el rezo culminará el recitado del *Shemá* pronunciando las últimas palabras de esta oración: «El Eterno nuestro Dios, verdad –en hebreo son tres palabras–», y después, el oficiante volverá a pronunciar en voz alta: «El Eterno nuestro Dios, verdad». Estas 3 palabras sumadas a las 245 del *Shemá* completan el valor 248 (Código Legal –Shulján Aruj–: *Oraj Jaim* 61:3).

La razón por la cual se necesitan completar las 248 palabras señaladas es explicada en la exégesis denominada Mishná Brurá, donde se menciona lo que está escrito en el Midrash Hanehelam: Rabí Iehuda abrió su disertación acerca de este asunto citando el versículo que declara: «Porque curación será para tu cordón umbilical, y humectación para tus huesos» (Proverbios 3:8). El cordón umbilical representa el vínculo entre la fuente de nutrición y el cuerpo. Es decir, la Torá es la fuente de nutrición para el cuerpo y los huesos, en este mundo y en el Mundo Venidero.

Tal como dijo Rabí Nehorai en el nombre de Rabí Nejemia: en el *Shemá* hay 248 palabras en correspondencia con la cantidad de estructuras óseas que hay en el hombre. Y quien recita el *Shemá* apropiadamente provocará que cada estructura ósea tome una palabra y le sea por medicina curativa. A esto se refiere lo que está escrito: «Porque curación será para tu cordón umbilical, y humectación para tus huesos» (Ibíd. Mishná Brurá) (véase la explicación completa de este asunto en *Las claves de la numerología cabalística,* pág. 66).

## El campo científico

Ahora bien, ¿qué dice la ciencia respecto de este asunto? Los científicos han realizado numerosos estudios y han comprobado que en el cuerpo humano hay más de 200 huesos. Y, si bien en un principio la cantidad es aparentemente menor, escaldando el cuerpo de acuerdo con las técnicas adecuadas se produce el derretimiento de los cartílagos y se aprecian más de 200 huesos. Y en el cuerpo de un joven de 16 o 17 años se contabilizaron exactamente 248 huesos.

¿Cuál es la razón por la que en cuerpos de mayor o menor edad la cantidad de huesos observada varía? Porque en una persona de mayor edad hay huesos cuyos cartílagos que los unen se osifican y sueldan a esos huesos. Y, en un joven de menos edad, hay cartílagos que aún no han endurecido hasta convertirse en hueso, y se derriten con el escaldado *(véase* exégesis de Rabí Pinjas Kehaty a Oalot 1:8, basado en *El Talmud y la medicina* de Dr. Katznelson, Enciclopedia Talmúdica, y Tratado de Oalot, Edición Científica de E. Goldberg).

# V

# EL PRINCIPIO CÓSMICO

En los capítulos precedentes mencionamos la relación directa existente entre la esencia del Nombre de El Santo, Bendito Sea, el alma y el hombre. La esencia siempre se conserva intacta, hasta manifestarse en la forma física del cuerpo humano sin que falte nada de las características originales.

Quiere decir que todo se reduce a un solo y único origen, a El Santo, Bendito Sea, que es uno. Y esto está indicado en los valores que hemos mencionado.

Pues, como ya hemos visto, el valor numérico expandido del Nombre de El Santo, Bendito Sea, es 45. Y si se le añade el valor intrínseco 1, denominado *kolel,* resulta:

$$45 + 1 = 46$$

Veamos ahora cuál es el valor reducido −*mispar katán*− de 46. Para obtenerlo se suman sus dígitos:

$$4 + 6 = 10$$

El valor 10 alude a las Diez emanaciones cósmicas denominadas *sefirot,* que El Santo, Bendito Sea, creó para que produjeran a las letras que constituirían el plano y la base de todo lo existente en el mundo.

Ahora calcularemos el valor reducido –mispar katán– de 10:

$$1 + 0 = 1$$

He aquí un indicio evidente de que todo proviene de 1, que es El Santo, Bendito Sea, como está escrito: «Oye Israel, El Eterno es nuestro Dios, El Eterno es Uno» (Deuteronomio 6:4). (Para comprender en forma más profunda lo tocante al cálculo del valor reducido –mispar katán–, véase Las claves de la numerología cabalística, capítulo XVI).

## CUERPO Y ALMA

Veamos ahora la relación existente entre el Nombre de El Santo, Bendito Sea, y las 248 irradiaciones de luminosidad asociadas al misterio de los preceptos activos, y las 365 irradiaciones de luminosidad asociadas al misterio de los preceptos pasivos. Pues estas irradiaciones de luminosidad son la base de las estructuras óseas cósmicas y los conductos sanguíneos cósmicos del alma.

Calculemos el valor reducido –mispar katán– de 248, hasta llegar a su raíz:

$$2 + 4 + 8 = 14$$
$$1 + 4 = 5$$

$$5$$

Ahora calculemos el valor reducido –mispar katán– de 365, hasta llegar a su raíz:

$$3 + 6 + 5 = 14$$

$$1 + 4 = 5$$

$$5$$

## SUMA DE VALORES RAÍCES

El valor raíz de 248 es 5, y el valor raíz de 365, también es 5. Sumándolos resulta:

$$5 + 5 = 10$$

He aquí que en las estructuras óseas cósmicas y los conductos sanguíneos cósmicos del alma se hallan indicadas las diez emanaciones cósmicas denominadas *sefirot*. El medio originado por El Santo, Bendito Sea, para crear todas las partes del alma.

¿Y de quién proviene todo? De El Santo, Bendito Sea, que es Uno, tal como surge de la suma de este producto obtenido:

$$10 = 1 + 0 = 1$$

También dijimos que el hombre tiene 248 estructuras óseas blancas y 365 conductos sanguíneos rojos. Y el resultado de la sumatoria de sus valores raíces es el mismo que el del alma. Resulta que en las estructuras óseas cósmicas y los conductos sanguíneos del cuerpo humano se hallan indicadas las diez emanaciones cósmicas denominadas *sefirot*. El medio originado por El Santo, Bendito Sea, para crear todas las partes del cuerpo.

¿Y de quién proviene todo? De El Santo, Bendito Sea, que es Uno, tal como surge de la suma de este producto obtenido.

## El fundamento del hombre

También dijimos que el valor numérico de hombre –*adam*–, es 45, y sumándole el valor intrínseco 1, el *kolel,* se obtiene el valor 46.

Éste es su valor reducido –*mispar katán:*

$$4 + 6 = 10$$

He aquí que se alude a la presencia de las diez emanaciones cósmicas denominadas *sefirot.*

Veamos ahora su valor raíz:

$$1 + 0 = 1$$

He aquí la presencia de El Santo, Bendito Sea, el creador de todo lo existente.

Resulta evidente y claro que todo está concatenado, medido con una precisión absoluta, y enraizado en Uno, El Santo, Bendito Sea. Por lo tanto, acercarse a Él es el medio idóneo para superar cualquier problema y enfermedad.

# VI

# MEDICINA DEL ALMA QUE SANA EL CUERPO

Ya hemos dicho que a través del recitado del *Shemá Israel* con concentración se puede atraer energía cósmica para mantener sano y curar el cuerpo humano conformado de 248 estructuras óseas blancas. ¿Qué más se puede hacer para obtener curación del cuerpo y el alma?

Acercarse a la Voluntad de El Santo, Bendito Sea, es un remedio infalible. En el Talmud se describen casos de personas que lo hicieron y tuvieron el poder para vencer los obstáculos terrenales.

## Un hombre que controlaba las enfermedades

Un ejemplo que podemos citar es el de Rabí Eleazar, el hijo de Rabí Shimón. En el Talmud se cuenta que Rabí Eleazar cumplía una ordenanza del rey y descubría a los delincuentes y los entregaba para que fueran condenados. Pero sospechaba que tal vez cometió involuntariamente alguna equivocación en su criterio analítico de las personas, y por eso decidió recibir sobre él flagelos.

Como consecuencia de los flagelos que le habían sobrevenido, por la noche, plegaban debajo de su cuerpo, sobre su cama, sesenta sábanas. Por la mañana retiraban de debajo de su cuerpo sesenta recipientes llenos de sangre emblanquecida que salía de su cuerpo lleno de pústulas.

Al día siguiente, su esposa le preparaba sesenta tipos de preparados a partir de higos. Su marido los comía y se curaba.

La mujer no lo dejaba asistir a la casa de estudios, para que los sabios no lo acosaran. Pues su marido se hallaba debilitado y ellos estaban disgustados por el trabajo que Rabí Eleazar realizaba para el rey, de entregar a los delincuentes de entre su pueblo.

Por la noche, les decía a los flagelos: «Venid, compañeros y amigos». Y por la mañana les decía: «Retiraos», para que no le impidieran estudiar la Torá.

## EL RECLAMO DE LA ESPOSA

Un día su esposa lo escuchó, y le dijo: «Tú mismo traes a los flagelos hacia ti». Y añadió: «Has acabado el dinero de la casa de mi padre con lo que hubo que invertir en los preparados para que te curaras y las ropas que había que cambiar permanentemente de debajo de tus heridas». Después de decir esto ella se rebeló y lo abandonó. Volvió a la casa de su padre.

Entretanto, unos marinos le enviaban sesenta sirvientes con numerosos presentes. Pues se había desatado una terrible tempestad en medio del océano, y ellos rezaron a Dios, pidiéndole que los salvara por el mérito de Rabí Eleazar, y así sucedió. Por eso ahora querían retribuirle. Los sesenta siervos le llevaban cada uno una bolsa llena de dinero, y cada uno le había hecho un preparado a partir de higos. Rabí Eleazar comió y se repuso de su enfermedad.

Una vez que recobró su energía se dirigió a la casa de estudio y le trajeron sesenta muestras de sangre que él debía determinar si era pura o impura. En caso de ser impura significaba que la mujer de la cual provenía esa sangre entró en período catamenial y tenía prohibido cohabitar con su marido hasta después del proceso. Rabí Eleazar declaró puras todas las muestras y las mujeres quedaron permitidas para estar con sus maridos.

## Sospechas y murmuración

Los sabios comenzaron a murmurar contra él. Le dijeron:

—¿Tú crees que en ningún caso existía siquiera una duda?

Rabí Eleazar les dijo:

—Si tengo razón que les nazcan a esas mujeres únicamente varones; y si no tengo razón, que nazca entre ellas al menos una niña.

Ocurrió que les nacieron a todas ellas varones, y llamaron a sus hijos Eleazar, por el nombre de él.

Rabí dijo:

—Cuánta procreación impidió el malvado reino, al haberlo designado para detectar a los delincuentes.

Pues por esa causa no venía con asiduidad a la casa de estudio, y eso le impedía declarar puras a las mujeres en un caso de duda.

## El regreso de la mujer

Un día, la esposa de él le dijo a su hija:

—Ve a ver que ocurre con tu padre.

Al llegar, su padre le dijo:

—Ve y dile a tu madre que la riqueza que poseemos es más grande que la de ellos.

Mencionó sobre él mismo el versículo que declara: «Es –la Torá– como embarcación de mercader, trae su pan de lejos; se levanta aún de noche y provee alimento a su familia» (Proverbios 31:14-15).

Ella se dio cuenta de la grandeza de su marido y regresó a la casa. Desde ese momento ya no volvió a abandonar a su amado esposo (Talmud, tratado de Babá Metzía 84b).

Durante todos los años que perduraron los flagelos de Rabí Eleazar, nadie murió prematuramente (Talmud, tratado de Babá Metzía 85a). Por eso hallamos en el Talmud casos de sabios que no buscaban remedio para sus enfermedades, y las soportaban hasta que del Cielo se les enviaba la curación *(véase* Talmud, tratado de Babá Metzía 85). Pues ellos sabían que soportando las aflicciones protegían a toda la población. Y se narran casos de sabios que soportaron las enfermedades y los flagelos hasta el último instante de sus vidas, cuando devolvieron su alma al Creador *(véase* Talmud, tratado de Taanit 21a).

## Las epopeyas de Rabí Janina

Un ejemplo evidente de lo que hemos mencionado es Rabí Janina, el hijo de Dosa, quien alcanzó un grado supremo y ejercía dominio sobre el materialismo.

Él estaba por encima de cualquier parámetro terrenal. Tenía abierto el canal de la irradiación de luminosidad de lo Alto, y lo aplicaba a los asuntos terrenales sin ningún tipo de impedimento. Podía curar afecciones materiales, e incluso las enfermedades anímicas, como la tristeza, con una facilidad asombrosa. Era capaz de conceder a las personas entristecidas su deseo, y devolverles la salud anímica y la felicidad.

## Un hombre ejemplar

Veamos algunos hechos suyos que quedaron registrados en el Talmud: en una ocasión, cuando caía la tarde del viernes y comenzaba el Día de Reposo, Rabí Janina, el hijo de Dosa, observó que su hija estaba triste. Le dijo:

—Hija mía, ¿por qué estás triste?

Ella le contó:

—Ocurrió que me confundí de recipiente y, en vez de encender las velas del Día de Reposo con aceite, las encendí con vinagre. Por eso ahora temo que se apaguen.

Rabí Janina, el hijo de Dosa, le dijo:

—Hija mía, ¿por qué te afliges? El que dijo al aceite que encienda dirá al vinagre y encenderá.

Esas velas permanecieron encendidas todo ese día, hasta que culminó el Día de Reposo y trajeron de allí fuego para cumplir con la ceremonia denominada *Avdalá,* que se realiza para separar el sagrado Día de Reposo de los demás días de la semana (Talmud, tratado de Taanit 25a).

## Una mujer afligida consolada

Tras este suceso, se narra en el Talmud este otro: en el barrio de Rabí Janina, el hijo de Dosa, vivía una mujer que era vecina suya.

Ella estaba edificando una casa y las vigas que había adquirido no llegaban de pared a pared. La mujer se dirigió a su vecino y le planteó:

—He edificado una casa y las vigas no llegan de pared a pared.

Rabí Janina, el hijo de Dosa, le preguntó:

—¿Cuál es tu nombre?

Ella le respondió:

—Aiku.

Rabí Janina, el hijo de Dosa, dijo:

—Aiku, prolónguense sus vigas.

Las vigas se extendieron milagrosamente y sobrepasaban las paredes un codo de cada lado.

El sabio Plimo –que vivió muchos años después de este suceso– contó:

—Yo he visto esa casa, y las vigas sobresalían un codo por este lado y un codo por el otro lado. Y me dijeron: «Ésta es la casa que techó Rabí Janina, el hijo de Dosa, con su plegaria».

## IRRADIACIÓN DE LUMINOSIDAD SUPREMA

¿Por qué este hombre tenía poderes sobrehumanos? Porque había limpiado todos los conductos y estaba unido a lo Alto, captando la energía cósmica sin ningún impedimento.

Observad lo que se narra de él en el Talmud: Rabí Janina, el hijo de Dosa, marchaba por el camino plácidamente. En medio de la marcha le ocurrió un suceso que alteró su paz, comenzó a llover intensamente. En ese instante se puso de pie y oró a Dios, le dijo:

—Amo del universo: todo el mundo se encuentra sosegado, ya que son poseedores de campo y el agua irriga sus sembrados, ¿y Janina se encuentra afligido en medio del camino?

Inmediatamente la lluvia se interrumpió. Cuando llegó a su casa, se puso de pie y comenzó a orar. Le dijo a Dios:

—Amo del universo: todo el mundo se encuentra afligido, ¿y Janina, que no necesita las lluvias porque no posee campo, se halla sosegado en su casa?

En ese instante comenzó a llover nuevamente.

Rav Iosef declaró:

—Considerando lo que ocurría con las solicitudes de Rabí Janina, el hijo de Dosa, ¿qué utilidad tenía la plegaria del sumo sacerdote –el hombre más santo– en el Templo Sagrado –el lugar más santo– en el Día del Perdón –el día más santo?

Ravín el hijo de Ada, y Raba el hijo de Ada, habían aprendido de Rav Iehuda cuál era el argumento de la plegaria pronunciada por el sumo sacerdote en el Día del Perdón. Esto era lo que decía: «Sea Tu voluntad, El Eterno, nuestro Dios, que este año aunque sea caluroso, sea lluvioso. Y que no entren ante Ti las plegarias de los caminantes».

Se aprecia que, pese al ruego del hombre más santo, en el lugar más santo, en el día más santo, la plegaria de Rabí Janina, el hijo de Dosa, entraba igual.

## EJERCÍA CONTROL SOBRE TODO DESPROVISTO DE TODO

¿Cuál era la razón de esta tan extraña circunstancia? Rav Iehuda lo explicó a través de una enseñanza que había aprendido de Rav: cada día un eco emergía del Cielo y pregonaba: «Todo el mundo se sustenta por el mérito de mi hijo Janina, y a mi hijo Janina le es suficiente con una medida *kav* de algarrobo desde un Día de Reposo hasta el otro Día de Reposo de la semana siguiente».

Se aprecia claramente que Rabí Janina se había sobrepuesto completamente al materialismo, y se sustentaba con lo mínimo indispensable, y así ejercía dominio sobre el materialismo.

## UN PEQUEÑO ESFUERZO

Hemos apreciado que Rabí Janina, el hijo de Dosa, ejercía dominio sobre el materialismo, y estaba por encima de los parámetros de la naturaleza. Pero hay un detalle importante que debemos destacar, en todos los casos existió además de la energía sanadora o reparadora, un esfuerzo por parte del beneficiado. Cuando su hija encendió las velas con vinagre, ella había hecho un esfuerzo, pues al menos había encendido las velas. Y lo mismo ocurrió con la mujer cuyas vigas no llegaban de lado a lado, al menos había adquirido las vigas. Quiere decir que en todos los casos mencionados Rabí Janina, el hijo de Dosa, agregó a lo que ya existía un esfuerzo previo (*véase* exégesis de Ben Iehoiadá).

Conocer este concepto es esencial para comprender cómo se curan las enfermedades a través de medios sobrenaturales, como los secretos de la Cábala.

## CURACIONES PRODIGIOSAS

En el Talmud se menciona un caso que nos permitirá comprender el misterio de este asunto.

Rabí Jía, el hijo de Aba, enfermó. Rabí Iojanán se enteró y fue a visitarlo. Cuando estuvo frente al enfermo, Rabí Iojanán le dijo:

—¿Deseas a los flagelos —para hacerte acreedor de un buen pago por parte de El Eterno al soportarlos?

Rabí Jía, el hijo de Aba, le respondió:

—¡No deseo a los flagelos, ni al pago que sobreviene por ellos, pues no me permiten estudiar Torá!

Rabí Iojanán tras escuchar le dijo:

—¡Dame la mano!

En arameo, que era la lengua hablada por ellos en esa época, «Dame la mano», se dice así: *ab li iedaj.*

Rabí Jía, el hijo de Aba, le dio la mano. En arameo, «le dio la mano», se dice así: *ab leih iadeh.*

Rabí Iojanán asió su mano, lo ayudó a reincorporarse, y Rabí Jía, el hijo de Aba, sanó (Talmud, tratado de Berajot 5b).

## Secreto curativo

¿Cómo pudo curar Rabí Iojanán a Rabí Jía, el hijo de Aba? Porque él sabía con exactitud las propiedades de las letras y las combinaciones que hay en el interior de cada una de las mismas.

Por eso, cuando Rabí Iojanán advirtió que el cuerpo del enfermo estaba frío supo que estaba por morir. Ya que este síntoma se produce cuando los elementos agua y tierra predominan sobre el elemento fuego. Es decir, la temperatura decrece.

Este incidente era un claro indicio de que la muerte era inminente, pues, si la temperatura es vencida por completo, se produce el deceso. Es ésta la razón por la cual los cuerpos de los fallecidos están totalmente fríos.

Por eso Rabí Iojanán actuó rápidamente y le dio calor al moribundo, aumentando su temperatura corporal para que recobrara estabilidad.

¿Cómo lo hizo?

Le dijo:

—¡Dame la mano! *—Ab li iedaj.*

Estas tres palabras comienzan con las letras hebreas: *he, lamed, iud.* Y con estas tres letras se escribe uno de los 72 Nombres secretos de El Eterno.

## LOS ELEMENTOS ESENCIALES

Ahora bien, ¿por qué el erudito utilizó precisamente este Nombre?

Porque la letra *he* contiene la esencia del elemento fuego, la letra *lamed* contiene la esencia del elemento agua, y la letra *iud* contiene la esencia del elemento tierra.

O sea, al pronunciar el nombre de El Eterno, el erudito procuró inyectarle calor por medio de la letra *he,* para que el fuego de esa letra se introdujera en las letras *lamed* –agua– y *iud* –tierra–. Así le salvó la vida.

## AYUDA FUNDAMENTAL

Pero lo descrito no fue todo lo que ocasionó el restablecimiento del enfermo, pues en la narración del suceso se dijo que el sanador le dijo al enfermo:

—¡Dame la mano!

Es decir, le solicitó que hiciera un esfuerzo.

La expresión: «Le dio la mano –*ab leih iadeh*–», se escribe con las letras hebreas: *he, lamed, iud,* que son las mismas letras con las que se escribe uno de los 72 Nombres de El Eterno, como hemos dicho. Esta coincidencia enseña que el enfermo mismo ayudó a recobrar el hálito de vida, concentrándose en este Nombre de El Eterno (Midrash Talpiot; véase *Numerología y Cábala* págs. 96–101).

## BASE ESENCIAL SANADORA

Éste es un principio básico y esencial que debe ser tenido en cuenta en lo tocante a las curaciones. Pues para curarse, además de la energía suprema atraída por el curador y el producto sanador, también es necesario que el enfermo haga un esfuerzo para atraer la energía de lo Alto y así pueda restablecerse.

Para que esto sea posible se necesita que el estado de ánimo del enfermo sea bueno. Pues él mismo, mediante su propia concentración mental, genera una complexión positiva que lo ayuda a modificar su propia condición física, ya que ayuda a atraer la energía de lo Alto y posibilita que la misma anule la enfermedad (véase *Numerología y Cábala*, capítulo X).

## EL REMEDIO APROPIADO

Ahora bien, considerando lo descrito en el Talmud, ¿qué habría ocurrido si el enfermo no le daba la mano al sabio que le solicitó que lo hiciera? ¿Podría suponerse que el enfermo sanaría igual, siendo suficiente con lo que hiciera el otro sabio?

La respuesta es ésta: si fuera así, no le hubiera pedido que le diera la mano, pues en el Talmud no se menciona lo que es innecesario. O sea, en determinadas ocasiones no es suficiente que el médico, y el remedio, sean eficientes, y también el enfermo debe colaborar y aportar algo de lo de él para sanar.

Ésta es una clave importante para comprender la esencia y el modo correcto de utilización de los medicamentos que constan en el Talmud, y los libros de Cábala. Por eso, siempre se debe orar a El Eterno, además de recibir atención de un profesional, tratamiento y medicación.

## El secreto de la oración

Para comprenderlo, observad esta enseñanza que consta en el Midrash: está escrito: «Pues ¿cuál es la gran nación que tiene un Dios que está junto a ella, como está El Eterno, nuestro Dios, cada vez que lo llamamos?» (Deuteronomio 4:7).

Para explicar esta cita, los sabios dijeron: hay plegaria que es respondida después de 40 días. ¿De dónde lo sabemos? De Moisés, como está escrito: «Entonces me postré ante El Eterno como la primera vez, cuarenta días y cuarenta noches, pan no comí y agua no bebí, a causa de todo vuestro pecado que cometisteis, de hacer lo que es malo a los ojos de El Eterno, de hacerlo enojar. Pues temí de la ira y la ardiente cólera que provocó a El Eterno contra vosotros para destruiros; y El Eterno me escuchó también esa vez» (Deuteronomio 9:18-19).

Hay plegaria que es respondida después de 20 días. ¿De dónde lo sabemos? De Daniel, como está escrito: «No comí pan exquisito [...], hasta que se cumplieron las tres semanas» (Daniel 10:3).

Hay plegaria que es respondida después de 3 días. ¿De dónde lo sabemos? De Jonás, como está escrito: «Y Jonás estaba en las entrañas del pez [...], y Jonás oró a El Eterno, su Dios, desde las entrañas del pez» (Jonás 2:1-2).

Hay plegaria que es respondida después de 1 día. ¿De dónde lo sabemos? De Elías, como está escrito: «El profeta Elías se acercó y dijo [...]» (I Reyes 18:36).

Hay plegaria que es respondida después de un período –de día o noche–. ¿De dónde lo sabemos? De David, como está escrito: «Y yo oro a ti, El Eterno, en momento de –buena– voluntad; Dios, por la abundancia de tu bondad, respóndeme, por la verdad de tu salvación» (Salmos 69:14).

Hay plegaria que es respondida inmediatamente, y antes de que la persona la exprese con su boca, El Santo, Bendito Sea, le responde. Como está escrito: «Será antes de que me llamen, que Yo responderé» (Isaías 65:24) (Midrash Raba Deuteronomio 2:17).

## ¿Quién merece más?

Después de leer esta enseñanza del Midrash, tal vez uno podría suponer que aún le falta mucho para alcanzar el grado que le permita obtener la respuesta Divina. Sin embargo no es así. Observad lo que se revela en el Talmud: Rabí Janina, el hijo de Dosa, se dirigió a la academia de Rabí Iojanán, el hijo de Zakai, para estudiar de él Torá. En esos momentos el hijo de Rabí Iojanán, el hijo de Zakai, enfermó, y éste le pidió a Rabí Janina, el hijo de Dosa, que orara por él. Y así lo hizo. Rabí Janina, el hijo de Dosa, colocó su cabeza entre ambas rodillas y rezó. Tras hacer esto, el niño sanó.

Rabí Iojanán, hijo de Zakai, dijo:

—Si el hijo de Zakai pusiera su cabeza entre las rodillas el día entero, no repararían en él.

Su mujer le dijo:

—¿Acaso Janina es más que tú?

Rabí Iojanán, hijo de Zakai, respondió:

—¡No! Lo que ocurre es que él se asemeja al siervo delante del Rey, y yo me asemejo a un ministro delante del Rey (Talmud, tratado de Berajot 34b).

## UN SIERVO SUPERIOR AL MINISTRO

La razón se debe a que el siervo del rey debe ser presto en su trabajo y actuar diligentemente. Ha de cumplir su función de manera rápida, eficaz y eficiente. Por tal razón, no es apropiado que se preocupe de cumplir con todos los protocolos reales, como pedir permiso en cada oportunidad que debe retirar algo, pues eso entorpecería su labor. Siendo así, lo que solicite al rey, éste se lo concederá inmediatamente, pues desea que su siervo cumpla su función sin demoras y se marche. En cambio, el ministro, cada vez que pretende entrar ante la presencia del rey, requiere de permiso y cumplimiento de los protocolos (Maarshá, Mefarshei Hatalmud).

## LA ACTITUD PERFECTA

Veamos otros casos similares: en el tratado de Ayunos –Taanit– se menciona el siguiente suceso: en una gran parte de la localidad de Zura se había propagado una grave epidemia. Sin embargo, en el barrio donde vivía el gran erudito Rav, los pobladores no habían sido afectados. En un primer momento pensaron que se debía al mérito del gran sabio.

No obstante, a través de un sueño les revelaron que el milagro que se observaba no era por él, sino que era por aquel vecino que prestaba generosamente el pico y la pala a los demás pobladores.

En Drukart sucedió algo similar, se generó un enorme incendio que se propagó por toda la ciudad, pero el barrio de Rav Huna no fue alcanzado por el fuego.

Pensaron que era por su mérito, pero les revelaron a través de un sueño, que era por una señora que en la víspera del Día de Reposo calentaba el horno para que vinieran las demás vecinas necesitadas a hornear sus panes. A eso se debió que esa zona no fuera afectada (Talmud, tratado de Taanit 21b).

## UNA REGLA DE ORO

¿Qué quiere decir todo esto? Que todas las personas pueden merecer atraer la energía de lo Alto en caso de necesidad, incluso aquellos que posean pocos méritos. Pues es posible que una sola actitud suya le permita gozar de ese beneficio, tal como hemos visto. Y de lo apreciado también surge que es posible que a uno le falte muy poco para atraer la energía de lo Alto que necesita, y con una acción positiva más lo logrará, o tal vez dos, como se vio en el Midrash, que hay plegarias que son respondidas después de 40 días, otras después de 20 días y otras instantáneamente, sin demoras.

## La distancia del éxito

Es importante saber que muchas veces el éxito se encuentra sólo un paso más allá de lo hecho hasta ahora; tal como surge de esta enseñanza talmúdica: el mundo se encuentra en perfecto equilibrio, y la persona debe verse a sí misma como en medio de la balanza que mide los actos de todo el mundo. Y debe considerar que todo está equilibrado, es decir, hay mitad de actos buenos y mitad de actos malos. Por lo tanto, al realizar un solo acto bueno, inclinará la balanza que mide sus propias acciones y las acciones del mundo entero para el lado meritorio. En cambio, si comete un acto malo, inclinará la balanza que mide sus acciones y las acciones del mundo entero para el lado desfavorable (Talmud, tratado de Kidushín 40).

Conociendo esto, ya podemos comenzar a navegar por el mundo de la medicina talmúdica y cabalística, que es capaz de ayudar a muchas almas que desean atraer la energía de lo Alto y curar sus enfermedades físicas, sentimentales y espirituales.

# VII

# CURACIONES TALMÚDICAS

En este capítulo expondremos importantes enseñanzas talmúdicas vinculadas con las curaciones convencionales, y también veremos lo relacionado con los medios curativos alternativos, tales como los amuletos, es decir, los pequeños objetos que se llevan encima y a los que se les atribuye la virtud de alejar el mal o propiciar el bien.

Este tema es sumamente importante, porque en esos amuletos se colocan textos cabalísticos muy poderosos, y es conveniente conocerlos, y saber cómo y cuándo se los puede utilizar.

## El fundamento de los amuletos

A los amuletos en el Talmud se los denomina *kameia.* Hay dos tipos de *kameia.* Uno es el que contiene nombres especiales –cabalísticos– y plegarias. Otro tipo de *kameia* es el que contiene productos vegetales.

¿Cómo se usa un *kameia?* Se cuelga del cuello.

Un *kameia* tiene propiedades curativas naturales o facultades protectoras ilógicas –*segulá*– (*véase* Meiri: tratado de Shabat 6:2).

Las propiedades curativas naturales están asociadas a la medicina convencional.

En tanto que las facultades protectoras ilógicas –*segulá*– no tienen explicación lógica.

## FUENTE TALMÚDICA

En el tratado de Shabat se enseña: No se sale en el Día de Reposo con un *kameia* que no provenga de un hombre eficaz (Mishná, en el tratado talmúdico de Shabat 60a).

Los sabios estudiaron: ¿Qué *kameia* se considera eficaz? Todo aquel que curó, y volvió a curar por segunda vez, y volvió a curar por tercera vez. (Es decir, si el *kameia* curó incluso a una sola persona tres veces, se considera eficaz). Esto es así en relación con un *kameia* que contenga texto escrito o un *kameia* que contenga productos vegetales.

Antes bien, hemos estudiado en otro lugar: ¿Qué *kameia* se considera eficaz? Todo *kameia* que curó a tres personas. (Quiere decir que, de acuerdo con esta enseñanza, si un *kameia* curó a una persona tres veces, no se lo considera eficaz, y esto aparentemente contradice lo que se dijo antes).

Sin embargo, en verdad no hay contradicción. Pues esto que estudiamos, que un *kameia* es considerado eficaz cuando cura a tres personas, se refiere a la eficacia de la persona que hace el *kameia*. Esa persona es considerada eficaz para hacer cualquier *kameia*.

En tanto esto que estudiamos, que un *kameia* es considerado eficaz cuando cura tres veces, se refiere a la eficacia del *kameia*. Ese *kameia* es considerado eficaz para curar.

## La determinación de la ley

En el Código Legal –Shulján Aruj– se determina la ley: en el Día de Reposo se sale con las especies vegetales que se atan con nudos y se las cuelga para curación (Shulján Aruj: Oraj Jaim 301:24).

En la ley siguiente se determina: en el Día de Reposo no se sale con un *kameia* que no sea eficaz. Y si es eficaz, se sale con él. No hay diferencia en si se tornó eficaz el hombre y no el *kameia*; no hay diferencia en si se tornó eficaz el *kameia* y no el hombre.

No hay diferencia en si se tornó eficaz el hombre, y no el *kameia*: por ejemplo, cuando el hombre escribió un mismo texto en tres cartas diferentes, y los tres curaron a tres personas. En ese caso el hombre se torna eficaz para ese texto, cada vez que lo escriba. Pero no se considera eficaz para otros textos –cuya eficacia no fue comprobada–. Y tampoco ese *kameia* se considera eficaz si lo escribe otra persona.

No hay diferencia en si se tornó eficaz el *kameia* y no el hombre: por ejemplo, cuando un hombre escribió un texto en una carta, y con él curó tres veces. Esa carta se tornó eficaz para curar a toda persona.

Con más razón que se sale en el Día de Reposo con un *kameia* que se tornó eficaz el que lo escribió y el *kameia*. Por ejemplo, cuando escribió un texto en tres cartas, y cada una sirvió para curar a tres personas, o a una persona tres veces. Ese hombre se tornó eficaz para este texto en toda carta en que lo escriba; y esas cartas –que curaron tres veces– se tornaron eficaces para toda persona.

Sin embargo, si un hombre escribió tres *kameia* para una sola persona, y curaron las tres veces, no se torna eficaz el hombre que los escribió, ni el *kameia*.

Es permitido salir –en el Día de Reposo– con un *kameia* eficaz, tanto que contenga texto escrito como productos vegetales. Esto es así tanto para un enfermo que su vida corra riesgo como para un enfermo que su vida no corra riesgo. Y no sólo cuando ya le sobrevino –por ejemplo– un ataque de epilepsia, que se lo cuelga para curación, sino incluso cuando no le sobrevino la enfermedad pero viene de una familia de epilépticos, se lo cuelga de modo que no se vea, y es permitido (Código Legal –Shulján Aruj–: *Oraj Jaim* 301:25).

## ELEMENTOS CURATIVOS

En la Mishná se estudió también esto: los niños salen con lazos, y los hijos de reyes salen con campanillas, y también salen con ellas todas las personas (Mishná, en el tratado talmúdico de Shabat 66b).

También fue estudiado: se sale en Shabat con un huevo de langosta, y con un diente de zorro, y con un clavo de colgado, por medicina curativa, según las palabras de Rabí Meir. Y los sabios lo prohíben también en los días comunes de la semana porque ése era un ritual de los emorreos –pueblos que habitaban en la región de Cannaán– (Mishná, en el tratado talmúdico de Shabat 67a).

En el Talmud se explica: ¿A qué lazos se refirió la Mishná? Ada Marí citó lo dicho por Rab Najman, hijo de Baruj, que lo dijo en nombre de Rab Ashi, hijo de Avín, que lo dijo en nombre de Rab Iehuda: la Mishná se refirió a lazos de la especie vegetal denominada *pua*. Estos lazos se atan en el cuello para curar.

Dijo Abaie: mi madre –sustituta– me dijo acerca de los lazos: tres nudos ayudan al enfermo a restablecerse; cinco nudos lo curan; y siete nudos ayudan incluso a salvarse de los hechizos.

Dijo Rab Aja, hijo de Jacob: los lazos que se hacen con la especie vegetal denominada *pua* sirven cuando el vegetal está protegido de estos factores: no ve el Sol y la Luna, y tampoco ve lluvia, y no oye sonido de metal, ni sonido de gallina, ni sonido de pasos.

Avín, hijo de Huna, citó lo que dijo Rabí Jama, hijo de Guria: ¿Qué significa: «los niños salen con lazos»? Cuando un niño siente nostalgia por su padre y lo extraña, el progenitor toma el cordón de su zapato derecho, y lo ata en el zapato izquierdo de su hijo.

Dijo Rab Najman, hijo de Itzjak: una señal para recordarlo son las filacterias. Pues una filacteria se coloca en la cabeza y una en el brazo izquierdo, y se lo hace con la mano derecha que ata la filacteria en el brazo izquierdo.

## MÁS MEDIOS QUE CURAN

Avín, hijo de Huna, dijo asimismo otros tipos de acciones útiles para curar, y se las menciona a continuación en el Talmud:

Avín, hijo de Huna, citó lo que dijo Rab Jama, hijo de Guria: a quien sus entrañas le duelen –también en el Día de Reposo– puede invertir sobre su ombligo un vaso del que se vertió agua caliente; y el vaso se adhiere a la carne y atrae hacia él las entrañas ubicándolas en su lugar.

Avín, hijo de Huna, citó lo que dijo Rab Jama, hijo de Guria: se permite untarse las manos y los pies con aceite y sal en el Día de Reposo, pues aparta el estado de ebriedad. Como esto que ocurrió con Rab Huna cuando venía de la casa de Rab; y también ocurrió lo mismo con Rab, cuando venía de la casa de Rabí Jía; y también ocurrió lo mismo con Rabí Jía, cuando venía de la casa de Rabí. Estos sabios que venían de casa de su maestro habían bebido vino y, como eran personas importantes, debían quitarse el efecto del vino, por eso traían aceite y sal, mezclaban estos productos y los untaban en sus manos y sus pies. Y decían: «Así como este aceite se torna lúcido –sobre la carne de la persona, por la temperatura de su cuerpo–, del mismo modo que se torne lúcido –y se disipe el vino de– Mengano, hijo de Zutano».

Si el efecto del vino aún no se había disipado en ellos, traían una tapa de barril y la sumergían en agua. Entonces decían: «Así como la tapa se torna lúcida por el agua, del mismo modo que se torne lúcido –y se disipe el vino de– Mengano, hijo de Zutano».

## Enseñanza de madre sustituta

Dijo Abaie: me dijo mi madre que todas las cuentas que se hacen con fines de *segulá,* junto a las palabras que se dicen, se ha de mencionar el nombre del hombre por el que se pronuncian estas palabras junto con el nombre de su madre.

Aclaración: esto es tal como vimos, que los sabios decían: «Mengano, hijo de Zutano». Y también es propicio aclarar que la madre sustituta de Abaie le dijo: «todas las cuentas», debido a que se repite lo que se dice tres veces o más.

Además, su madre le dijo: todas las acciones a través de *segulá* que se hacen con lazos se realizan con la –mano– izquierda.

Asimismo dijo Abaie: me dijo mi madre que todas las cuentas que se hacen con fines de *segulá,* y está escrita la cantidad de veces que se deben repetir, se repiten según la cantidad de veces estipuladas en las indicaciones. En tanto, todas las cuentas que se hacen con fines de *segulá,* y no está escrita la cantidad de veces que se deben repetir, se repiten cuarenta y una veces.

## Protección para el embarazo

Los sabios estudiaron: se sale con una piedra *tekuma* en Shabat, pues es una *segulá* para conservar el embarazo.

En el nombre de Rabí Meir se dijo: se sale también con el peso –un objeto que tenga el mismo peso– de una piedra *tekuma*, ya que también es una *segulá* comprobada. (Una piedra *tekuma* es una piedra hueca que tiene en su interior una piedra más pequeña, similar al badajo de una campana).

Esto es así no sólo para una mujer que ya sufrió un aborto, sino incluso para una mujer que nunca sufrió un aborto, y desea evitarlo y preservar su embarazo. Y esto es así no sólo para una mujer embarazada, sino incluso para una mujer que no se sabe si está embarazada, por si se embaraza y aborta.

Dijo Rab Ieimar, hijo de Salmaia, en nombre de Abaie: esto que se dijo, que se sale también con un objeto que tenga el mismo peso de una piedra *tekuma*, es cuando el peso del contrapeso era exactamente igual al de la piedra *tekuma*. Pero si fue necesario agregar o disminuir del contrapeso, ese objeto no sirve para ser utilizado como *segulá* en lugar de la piedra *tekuma*.

Además dijo Abaie: mi madre me dijo que para la fiebre que sobreviene a diario debe tomarse una moneda *zuz* nueva, e ir a los salitrales –las piscinas donde se reúne el agua de mar para producir sal–. Se debe pesar sal igual al peso de esa moneda *zuz*, y se la ha de envolver a esa sal con un envoltorio, y colgarla en el hueco del cuello, debajo de la garganta, con un filamento de cabello.

Antes bien, si no le es posible hacer esto, que se siente en un cruce de caminos y, cuando vea una hormiga grande cargando algo, que coja a la hormiga y la coloque en un tubo de cobre. Y ha de obstruir el tubo con plomo, y sellarlo con sesenta sellados.

(Es decir, lo debe sellar con diversos materiales, como cera, brea, barro, etc. –Rashi–).

Después debe agitar el tubo con la hormiga en el interior, alzarla y decirle: «yo cargaré con tu carga –que llevabas–, y tú carga con mi carga –mi enfermedad–».

Rab Aja, el hijo de Rab Huna, le dijo a Rab Ashi: «Tal vez otra persona halló a esa hormiga previamente, y le cargó su enfermedad». Siendo así, resulta que este hombre que encuentra a esa hormiga y lleva a cabo el proceso señalado recibe sobre él la enfermedad del hombre que la halló primero y estaba sobre esa hormiga.

Por lo tanto, es mejor que después de encontrar una hormiga cargada en un cruce de caminos la encierre en un tubo de cobre, como se dijo, y diga: «carga con mi carga además de tu carga».

Antes bien, si no le es posible hacer esto, que tome una vasija de cerámica pequeña y nueva, y que vaya al río. Y ha de decir al río: «¡Río, río, préstame una vasija de agua para el huésped que ha venido a mí –la enfermedad–!».

A continuación, debe hacer girar sobre su cabeza siete veces la vasija con el agua, y después ha de arrojar el agua al río de espaldas. Y le ha de decir: «¡Río, río, toma el agua que me has dado, pues el huésped que me ha visitado vino en el día y se marchó en el día!».

## FIEBRE DISCONTINUA

Dijo Rab Huna: para una fiebre que sobreviene cada tres días, la persona ha de tomar siete ramas pequeñas de siete palmeras, y siete astillas de madera de siete tablas. Y ha de tomar, además, siete estacas de siete puentes, y siete partes de ceniza de siete hornos, y siete partes de polvo de siete hoyos sobre los que gira la bisagra de las puertas, y siete partes de brea con las que se untan las embarcaciones de siete embarcaciones. Asimismo, debe tomar siete semillas de comino, y siete pelos de la barba de un perro viejo. Cuando tenga todos los elementos, los deberá reunir en un atado, y colgarlos en el hueco de su cuello, debajo de su garganta, con un filamento de cabello.

## FIEBRE DOMINANTE

Dijo Rabí Iojanán: para fiebre con ardor en todo el cuerpo, debe tomarse un cuchillo que sea totalmente de metal, e irse a un lugar donde hay zarza. Y debe atarse con la zarza un cabello.

El primer día la persona debe calar un poco en la zarza, y decir: «Un ángel de El Eterno se le apareció en una llamarada de fuego que salía de una zarza; él vio, y he aquí que la zarza ardía en el fuego, mas la zarza no se consumía» (Éxodo 3:2).

Al día siguiente debe calar un poco más en la zarza, y decir: «Moisés dijo: "He aquí que me apartaré y contemplaré esta gran imagen ¿por qué la zarza no se consume?"» (Éxodo 3:3) (Este versículo indica el apartado de la temperatura elevada).

Al día siguiente debe calar un poco más en la zarza, y decir: «El Eterno vio que se había apartado para ver; y Dios lo llamó de entre la zarza y dijo: "¡Moisés, Moisés!". Y él respondió: "¡Heme aquí!"» (Éxodo 3:4) (Y que del mismo modo se aparte la enfermedad).

## LA PROPUESTA IDEAL

Rab Aja, el hijo de Raba, le dijo a Rab Ashi: la persona ha de decir: «Él dijo: No te acerques más, quítate tus zapatos de tus pies, pues el lugar sobre el que te encuentras de pie es tierra santa» (Éxodo 3:5) (Ya que indica el alejamiento de la enfermedad, o sea, que no se acerque a él). Entonces, que el primer día diga estos dos versículos: «Un ángel de El Eterno se le apareció en una llamarada de fuego que salía de una zarza; él vio, y he aquí que la zarza ardía en el fuego, mas la zarza no se consumía. Moisés dijo: "He aquí que me apartaré y contemplaré esta gran imagen ¿por qué la zarza no se consume?"» (Éxodo 3:2–3).

Al día siguiente que diga: «El Eterno vio que se había apartado para ver; y Dios lo llamó de entre la zarza y dijo: "¡Moisés, Moisés!". Y él respondió: "¡Heme aquí!"» (Éxodo 3:4).

Al día siguiente que diga: «Él dijo: "No te acerques más, quítate tus zapatos de tus pies, pues el lugar sobre el que te encuentras de pie es tierra santa"» (Éxodo 3:5).

Y si cesó la fiebre, que encorve la zarza hacia abajo, y que diga: «Zarza, zarza, no porque tú eres el árbol más alto de todos, El Santo, Bendito Sea, hizo posar su Presencia Divina –Shejiná–, sobre ti; sino que porque tú eres el más bajo de todos los árboles, El Santo, Bendito Sea, hizo posar su Presencia Divina –Shejiná–, sobre ti. Y así como tú, fuego, has visto a Janania, Mishael, y Azariá, y te apartaste de ellos, así ve, tú fuego, a Mengano, hijo de Zutano» (Shabat 66b–67a).

## Consejos curativos selectos

En la Mishná se estudió: se sale en Shabat con un huevo de langosta. ¿Por qué dolencia? Por dolor de oídos.

También fue estudiado: se sale con un diente de zorro. ¿Por qué causa? Por problemas de sueño. Quien desea despertar de su sueño sale con un diente de zorro vivo. Quien desea dormir sale con un diente de zorro muerto.

Asimismo fue estudiado: se sale con un clavo de colgado. ¿Por qué causa? Para curar una herida provocada por un elemento metálico.

Además se estudió en la Mishná: se sale con los objetos mencionados por medicina curativa, según las palabras de Rabí Meir.

Abaie y Raba dijeron: todo lo que esté vinculado con la medicina curativa, no hay en ello prohibición por tratarse de un ritual de los emorreos.

Se presenta una objeción: ¿cuándo no hay utilidad curativa hay en ello prohibición por tratarse de un ritual de los emorreos? ¿Y acaso no ha de considerarse lo que fue estudiado en una Baraita? Pues fue estudiado en una Baraita: cuando los frutos de un árbol caen prematuramente, se lo pinta de rojo, y se lo carga con piedras.

Que se lo cargue con piedras es lógico, para que se debilite. Ya que, al ser un árbol demasiado fuerte, provoca que las frutas caigan prematuramente. Pero, ¿para qué se lo pinta de rojo? ¿Qué curación se le hace a través de eso?

La respuesta es ésta: se lo pinta de rojo para que las personas lo vean, y pidan piedad por el árbol a El Santo, Bendito Sea.

¿De dónde se aprende? Como fue estudiado: está escrito: «Y la persona que está afectada de llaga impura: sus vestimentas serán desgarradas, su cabellera no será cortada y se cubrirá hasta los labios; y debe proclamar: "¡Impuro, impuro!"» (Levítico 13:45). Se aprende que debe informar de su aflicción a la multitud, y la multitud pedirá piedad por él a El Santo, Bendito Sea.

Un sabio talmudista –tana– estudió en relación con las leyes de los rituales de los emorreos, ante Rabí Jía hijo de Avín. Le dijo: En todos los casos hay prohibición por los rituales de los emorreos, salvo estas excepciones:

Quien tiene insertado un hueso en su garganta, se trae de esa misma especie y se coloca sobre su cabeza, y dice así: «*jad, jad, najit, bala, bala, najit, jad, jad*» (uno, uno, baja, traga, traga, baja, uno, uno). Y no hay en ello prohibición por los rituales de los emorreos.

Quien se le insertó una espina de pescado en su esófago, que diga así: «*ninatza kemajat, ninalta kitris, sai, sai*» (te has insertado como una aguja, te has cerrado como un postigo, ¡baja, baja!) (Talmud, tratado de Shabat 67a).

# VIII

## CURACIONES CABALÍSTICAS

Después de observar el principio talmúdico correspondiente a las curaciones, y la determinación de la ley en el Código Legal –Shulján Aruj–, veremos lo que se menciona en los libros de Cábala.

Se encuentran textos sagrados muy poderosos –*kameia*–, y también recetas para todas las enfermedades, desde las afecciones más severas, hasta las más leves, como un sangrado de nariz, manchas en la cara, calvicie, o recuperado de la disminución de la visión.

### SANGRE DE LA NARIZ

Cuando a una persona le fluye sangre de la nariz, es propicio que tome uvas y las coloque sobre la parte superior de su cabeza –en dirección del cerebro– (Zijron Yakov Iosef; Refuot Vesegulot; Segulot Israel).

Otra sugerencia: cuando sale sangre de la nariz, para detenerla, es propicio oler la fragancia del mirto (Jemdat Tzvi; Segulot Israel).

## Manchas de la cara

Las manchas de la cara pueden quitarse con clara de huevo que haya sido puesto por la gallina con la luna llena (Shevet Musar 11:52; Refua vejaim).

## Remedio para la calvicie

Con el fin de poder revertir la calvicie, se recomienda coger aceite y yema de huevo, y untar en el lugar de la calvicie (Zijron Yakov Iosef).

## Evitando la caída del cabello

Para evitar la caída del cabello, se recomienda lavarlo con orín de perro (Imalet Nafshó: apartado *Shin).*

## Recuperando la visión

Los pasos largos quitan una proporción de la vista igual a una parte de quinientos.

Para recuperarla, es aconsejable observar las velas de Shabat en el comienzo del recitado de la ceremonia denominada Kidush, que se realiza sobre un vaso de vino en el Día de Reposo, antes de comer.

Y, en el momento del Kidush, debe observarse el vaso de vino (Maguen Abraham Shulján Aruj Oraj Jaim 271:23).

## FERTILIDAD

Asimismo, se mencionan sugerencias para solucionar problemas de fertilidad y esterilidad.

Una recomendación *segulá* para tener hijos es publicar libros necesarios para el estudio de la Torá. También, escribir un rollo de la Torá. Y, si no es posible hacer esto, se deben adquirir libros de Torá y prestarlos a otras personas para que estudien de ellos (Zijron Yakov Iosef; Midrash Raba: Emor).

Asimismo, para merecer tener hijos, aunque se trate de una persona infecunda, es importante cumplir con el precepto de enviar a la madre –de ave–, y tomar los pichones o los huevos, como está escrito: «Si te encuentras con un nido de pájaro en el camino, en cualquier árbol o sobre el suelo, y hay en él pichones o huevos y la madre está empollando sobre los pichones o sobre los huevos, no tomarás a la madre junto con los pichones. Ciertamente expulsarás a la madre y tomarás para ti a los hijos, para que sea el bien contigo y se prolonguen tus días» (Deuteronomio 22:6–7). Pues El Santo, Bendito Sea, dijo: «Si has cumplido con el precepto de enviar del nido –a la madre–, por tu vida, que Yo te recordaré con hijos, como está escrito: "expulsarás a la madre y tomarás para ti a los hijos"» (Midrash Raba y Midrash Tanjuma, sección Ki Tetzé; Zijron Yakov Iosef).

## EMBARAZO

Cuando una mujer no tiene hijos, y desea tenerlos, es aconsejable que se sumerja en una Mikve –baño ritual– después de la culminación del Shabat (Jupat Jatanim; Segulot Israel).

Otra sugerencia: una mujer que desea quedar preñada, es aconsejable y apropiado que grabe la letra *he* completa sobre una lámina de plata y la cuelgue en su cuello. La letra *he* completa se escribe mediante las letras hebreas *he-alef.*

אה

Esta expresión está vinculada con la declaración: «José le dijo al pueblo: "He aquí que os he adquirido este día junto con vuestra tierra para el Faraón; aquí tenéis semillas; sembrad la tierra"» (Génesis 47:23). La declaración: «aquí tenéis», en el texto original hebreo está escrita con las letras *he-alef.* Y la palabra «semillas» en el texto original hebreo está escrita mediante la locución *zera,* que significa también «simiente». Es decir, a través de grabar en una lámina de plata la expresión *he-alef,* y llevarla colgada del cuello, se manifiesta el deseo que desde lo Alto se agracie a la persona con la noticia: «Aquí tenéis simiente» *(véase* Nefesh Jaim; Zijron Yakov Iosef).

## ATENCIÓN DEL EMBARAZO

Es auspicioso para una mujer embarazada pronunciar todos los días los once versículos que comienzan y culminan con la letra hebrea *nun* (Sefer Zejira; Segulot Israel). Pues esos versículos comienzan con una letra *nun* encorvada y terminan con la letra *nun* extendida, que es una buena señal para el futuro (véase *Numerología y Cábala,* capítulo V).

Éstos son los onces versículos que comienzan con la letra *nun* encorvada y terminan con la letra *nun* extendida:

«Si la afección de llaga impura –*tzaraat*– afligiere a una persona, ésta será llevada al sacerdote» (Levítico 13:9).

נֶגַע צָרַעַת כִּי תִהְיֶה בְּאָדָם וְהוּבָא אֶל הַכֹּהֵן

«Nosotros pasaremos armados delante de El Eterno a la tierra de Canaán, y la posesión de nuestra heredad será a este lado del Jordán» (Números 32:32).

נַחְנוּ נַעֲבֹר חֲלוּצִים לִפְנֵי יְהוָה אֶרֶץ כְּנָעַן וְאִתָּנוּ אֲחֻזַּת נַחֲלָתֵנוּ מֵעֵבֶר לַיַּרְדֵּן

«Un profeta de entre vosotros, de tus hermanos, como yo, ha de establecer para ti El Eterno, tu Dios; a él le escucharás» (Deuteronomio 18:15).

נָבִיא מִקִּרְבְּךָ מֵאַחֶיךָ כָּמֹנִי יָקִים לְךָ יְהוָה אֱלֹהֶיךָ אֵלָיו תִּשְׁמָעוּן

«Quitaos de en medio de Babilonia, y salid de la tierra de los caldeos, y sed como los machos cabríos que van delante del rebaño» (Jeremías 50:8).

נֻדוּ מִתּוֹךְ בָּבֶל וּמֵאֶרֶץ כַּשְׂדִּים (יצאו) צֵאוּ וִהְיוּ כְּעַתּוּדִים לִפְנֵי צֹאן

«Las corrientes del río alegran la ciudad de Dios, el Santuario de las moradas del Altísimo» (Salmos 46:5).

נָהָר פְּלָגָיו יְשַׂמְּחוּ עִיר אֱלֹהִים קְדֹשׁ מִשְׁכְּנֵי עֶלְיוֹן

«Condujiste a Tu pueblo como ovejas a través de Moisés y Aarón» (Salmos 77:21).

נָחִיתָ כַצֹּאן עַמֶּךָ בְּיַד מֹשֶׁה וְאַהֲרֹן

«Delante de sus padres hizo maravillas, en la tierra de Egipto, en el campo de Tzoan» (Salmos 78:12).

נֶגֶד אֲבוֹתָם עָשָׂה פֶלֶא בְּאֶרֶץ מִצְרַיִם שְׂדֵה צֹעַן

«He perfumado mi cama con mirra, aloes y canela» (Proverbios 7:17).

נַפְתִּי מִשְׁכָּבִי מֹר אֲהָלִים וְקִנָּמוֹן

«Lámpara de El Eterno es el alma del hombre; escudriña todos los compartimientos interiores –los pensamientos recónditos–» (Proverbios 20:27).

נֵר יְהֹוָה נִשְׁמַת אָדָם חֹפֵשׂ כָּל חַדְרֵי בָטֶן

«Tus labios destilan dulzura, oh prometida; miel y leche hay debajo de tu lengua, y el aroma de tus vestidos es como el aroma del Líbano» (Cantar de los Cantares 4:11).

נֹפֶת תִּטֹּפְנָה שִׂפְתוֹתַיִךְ כַּלָּה דְּבַשׁ וְחָלָב תַּחַת לְשׁוֹנֵךְ וְרֵיחַ שַׂלְמֹתַיִךְ כְּרֵיחַ לְבָנוֹן

«Estaban armados con arcos, y con la –mano– derecha y con la izquierda lanzaban piedras, y saetas con arco, de los hermanos de Saúl, de Benjamín» (I Crónicas 12:2).

נֹשְׁקֵי קֶשֶׁת מַיְמִינִים וּמַשְׂמְאלִים בָּאֲבָנִים וּבַחִצִּים בַּקָּשֶׁת מֵאֲחֵי שָׁאוּל מִבִּנְיָמִן

## Cuidado del embarazo

Es propicio para una mujer embarazada, cuando llega al noveno mes, sumergirse asiduamente en el baño ritual –*Mikve*–. A través de eso anulará del niño que lleva en su vientre las cosas malas que la madre ha visto durante la gestación (Sefer Zejira; Segulot Israel).

## Falta de deseo sexual

Cuando al recién casado le es difícil allegarse a su esposa porque carece de deseo sexual, debe comer higos. Pues no hay fruta que atraiga el deseo sexual como los higos, tal como fue enseñado: el árbol del que comió Adán, el primer hombre, era una higuera. Como está escrito: «El Eterno Dios tomó al hombre y lo colocó en el Jardín del Edén, para que lo trabajara y lo cuidara. Y El Eterno Dios le ordenó al hombre, diciendo: "De todo árbol del Jardín podrás comer; pero del Árbol del Conocimiento del Bien y del Mal no comerás; pues el día que de él comas ciertamente morirás"» (Génesis 2:15-17). Y a continuación está escrito: «Y la mujer percibió que el árbol era bueno como alimento, y que era un deleite para los ojos, y que el árbol era deseable como un medio para alcanzar la sabiduría, y ella tomó de su fruto y comió; y también le dio a su marido junto a ella y él comió. Entonces los ojos de ambos se abrieron y se dieron cuenta de que estaban desnudos; y cosieron una hoja de higuera y se hicieron delantales» (Génesis 3:6-7). Con lo que se arruinaron se rectificaron. Y esa energía entró en el hombre a modo de deleite físico, como está escrito: «Adán volvió a conocer a su mujer, y ella concibió un hijo [...]» (Génesis 4:25). Y el exegeta Rashi explicó: aumentó deseo a su deseo (Refuá Vejaim).

## Fortalecimiento de la potencia masculina

Para fortalecer la potencia masculina es recomendable realizar un preparado con ajo, huevo, carne, aceite de oliva, sésamo, pimiento, clavo y comino. Se debe freír y comerlo en ayunas (Maré Haieladim; Segulot Israel).

## Impotencia masculina

Quien sufre de impotencia y no puede allegarse a su mujer que cuelgue de su cuello un diente tomado de un animal muerto (Ialkut Moshé; Zijron Yakov Iosef).

Otra sugerencia: un hombre al que le falta vigor ha de tomar un pelo de la cola de un caballo y colgárselo (Zijron Yakov Iosef).

## Pérdida de hijos

Cuando una persona sufrió la muerte de hijos, ha de llamar a los que le nazcan a continuación con nombres que tengan asociados el nombre de El Santo, Bendito Sea. Por ejemplo el nombre El, que es uno de los nombres de El Santo, Bendito Sea, o Ia, que es otro de los nombres de El Santo, Bendito Sea. Es decir, debe llamar a sus hijos Refael, Mijael, Gabriel, Israel, Shmúel, Iermia, Ieshaia, Eliahu, u otros nombres que cumplan con este requisito (Maré Haieladim; Zijron Yakov Iosef).

# IX

## PRESCRIPCIONES CURATIVAS GENERALES

En los libros del Talmud, el Midrash y la Cábala, también se mencionan sugerencias generales para toda persona enferma, y también las epidemias.

### Remedio universal

Las lluvias que caen en el tiempo comprendido entre la festividad de Pesaj y la festividad de Shavuot tienen un enorme poder curativo y sirven para todas las enfermedades. Por eso, cuando cae lluvia en ese tiempo, es propicio descubrirse un poco la cabeza, para que la lluvia caiga sobre ella. Y también es aconsejable abrir la boca, para que el agua de lluvia entre directamente por allí (Sefer Igra Depirka; Segulot Israel).

### Persona enferma

Cuando un miembro de la casa está enfermo, la persona debe comportarse generosamente con las demás criaturas, incluso con las aves de los Cielos –dándoles de comer y beber–, y ciertamente que pedirán piedad por él (Refuta vejaim; Zijron Yakov Iosef).

## Oración por un enfermo

Cuando se ora por un enfermo, es correcto que cada uno de los que rezan dé caridad por él. Y esa caridad se divide en siete caridades. Y éste es el texto de la plegaria que se recita al dar la caridad: «En el Nombre de la unicidad de El Santo, Bendito Sea, y en el nombre de todo Israel, nosotros damos caridad por Mengano, hijo de Zutano, y esta caridad se divide en siete caridades, y a través de esta caridad, que se salve de los siete tipos de castigo escritos en la Torá, y de los siete compartimientos del Infierno, y que se cumpla el versículo que declara: "La caridad salva de la muerte" (Proverbios 11:4). Ciertamente, caridad para vida. "El justo es librado de la tribulación; y el malvado entra en su lugar" (Proverbios 11:8). Por eso, Rey de reyes, El Santo, Bendito Sea, que esta caridad sea recibida ante Ti, y que sirva para redención de su alma, como está escrito: "Redime, Dios, a Israel de todas sus aflicciones" (Salmos 25:22). Agradeced a El Eterno por su bondad, y sus maravillas que hace por los hombres. "Si él tuviera un ángel que lo mereciera entre mil –acusadores–, para que hable de la rectitud del hombre. Que lo agracie y que diga que lo libró de descender al sepulcro, que halló redención" (Job 33:23-33). Amén, amén, amén, sela, sela, sela» (Midrash Talpiot: *jalaim).*

Para comprender la importancia de la caridad, y los beneficios de esa actitud, observaremos lo que consta al respecto en el libro Zohar: está escrito: «El Eterno le dijo a Moisés: "He aquí que haré llover pan para vosotros desde el Cielo; que el pueblo salga y recoja la porción de cada día ese día, para que los pueda poner a prueba, a ver si siguen Mis enseñanzas o no"» (Éxodo 16:4). Rabí Iehuda abrió su enseñanza acerca de este asunto citando este versículo: «Bienaventurado el que piensa en el pobre; en el día malo El Eterno lo librará» (Salmos 41:1). Lo concerniente a este versículo ya ha sido enseñado por los sabios. Tal como hemos estudiado, que cuando la persona está acostada en mal estado, padeciendo una enfermedad, es como si estuviera presa en la cárcel del Rey, El Santo, Bendito Sea. Pues le duele la cabeza y es como si su cabeza estuviese atada con cadenas, y sus pies están sujetos con cuerdas, ya que no puede andar por causa de su enfermedad. Además, numerosos centinelas lo cuidan de este lado y de este otro lado, para que no huya; porque numerosas personas están en su derredor viendo si su estado de salud mejora. Todos sus miembros están apretados, ajustados al tamaño de la cama, que es como una cárcel para él. Además, sus miembros pelean estos con estos, al expandirse la enfermedad por todo el cuerpo, pasando de un miembro a otro. Y también el deseo de comer se aparta de él, ya que por causa de su enfermedad no puede comer apropiadamente.

En ese momento le designan un tutor, para que exponga sus argumentos en su defensa y lo haga merecedor ante el Rey, El Santo, Bendito Sea. Ya que el enfermo está preso y no puede defenderse a sí mismo, como está escrito: «Si él tuviere un ángel que lo mereciera entre mil –acusadores–, para que hablare de la rectitud del hombre» (Job 33:23). En ese caso El Santo, Bendito Sea, se apiadará y lo librará.

Bienaventurado el hombre que entra a visitarlo en ese momento, y le enseña el camino recto para salvarse del juicio y de la muerte. A esto se refiere lo que está escrito: «Bienaventurado el que piensa en el pobre», para salvarlo del juicio. ¿Y cómo puede salvar al enfermo del juicio? Enseñándole los caminos de la vida, haciéndolo volver a su Amo, rectificando ante El Santo, Bendito Sea, sus acciones. Entonces, cuando el enfermo hace esto, asciende a lo Alto y lo salva de la muerte. ¿Y cuál es el pago de ese hombre que pensó en el pobre –es decir, en el enfermo–, y lo ayudó a tomar conciencia y salvarse del juicio? La respuesta es ésta: «En el día malo El Eterno lo librará».

Otra enseñanza: «Bienaventurado el que piensa en el pobre; en el día malo El Eterno lo librará» (Salmos 41:1). Cuán grande es el pago del pobre ante El Santo, Bendito Sea, por causa de la pobreza que debió soportar. Por eso: «Bienaventurado el que piensa en el pobre», y le da lo que necesita aliviándole su angustia.

Dijo Rabí Jía:

—Me sorprende lo que se declara en este versículo: «Porque El Eterno escucha a los menesterosos» (Salmos 69:34). ¡Es algo que sorprende! ¿Acaso escucha a los menesterosos y a los otros no?

Dijo Rabí Shimón:

—Está escrito: «Porque El Eterno escucha a los menesterosos», para enseñar que ellos están más cerca del Rey. A esto se refiere lo que está escrito: «Al corazón contrito y quebrantado, El Eterno no despreciará» (Ibíd. 51:19). Es decir, aquel que se acerque a El Santo, Bendito Sea, con corazón contrito y quebrantado y se dirija a Él con oración, Él no desestimará su plegaria. Y no hay en el mundo alguien que tenga el corazón quebrantado más que un pobre. Por eso, bienaventurado aquel que ayuda a un pobre, dándole lo que necesita.

Además dijo Rabí Shimón:

—Todo los hombres del mundo se presentan y se muestran ante El Santo, Bendito Sea, con cuerpo y alma; pero el pobre no se presenta sino con el alma, pues su cuerpo está quebrado. Y El Santo, Bendito Sea, está más cerca del alma que del cuerpo. Por eso la plegaria del pobre es aceptada con mayor facilidad, porque no posee un velo divisorio entre él y su Amo.

En la vecindad de Rabí Ieisa había un pobre y no había quien reparase en él. Y el se avergonzaba de pedir con insistencia ante las personas para que le dieran algo para comer. Un día estaba muy débil por causa del hambre y enfermó. Rabí Ieisa fue hacia donde él vivía y entró para visitarlo. Entonces el erudito oyó una voz que decía: «¡Rueda, rueda!». –Es decir, invocaba al ángel que hace rodar a las almas de las personas cuando parten del mundo–. Y esa misma voz decía: «Su alma saldrá de él y volará hacia Mí sin que hubiese llegado su día de morir. ¡Ay de los hijos de la ciudad! Ya que no había entre ellos quien le devolviera su alma.

Rabí Ieisa se levantó e introdujo en su boca zumo de semillas de granada. Y lo hizo poco a poco, por la gravedad de su debilidad. Y a través de eso provocó que saliera sudor y corriera por su rostro. Y su espíritu volvió a él y se repuso de su enfermedad.

Después Rabí Ieisa volvió y le preguntó al pobre cómo se sentía. Y éste le dijo:

—¡Por tu vida Rabí! Mi alma salió de mí y llegó hasta el Trono del Rey supremo, El Santo, Bendito Sea, y quería quedarse allí. Pero El Santo, Bendito Sea, quiso que lo merecieran, y por eso oíste esa voz que decía lo que has oído. Y pregonaron acerca de ti: «En el futuro el espíritu de Rabí Ieisa ascenderá, y se vinculará con un aposento sagrado –idra–, en el que en el futuro los compañeros eruditos despertarán en la Tierra grandes misterios de la Torá» (Y, efectivamente, también Rabí Ieisa estará entre los diez sabios cabalistas que se reunirán para la gran revelación, cuando el gran maestro Rabí Shimón, hijo de Iojai, revele los profundos secretos de la Torá vinculados al gran aposento sagrado –*Idra Raba*–. Y allí partirá del mundo y su alma ascenderá al Jardín del Edén) *(véase* III Zohar 127b). Y he aquí que ya han sido dispuestos tres tronos, que están preparados para ti y dos de tus compañeros (en referencia a Rabí Iosei, el hijo de Rabí Jacob, y Rabí Jizkia, quienes murieron junto a Rabí Ieisa durante la entrega de los misterios profundos anunciados, apegándose el alma de ellos a lo Alto en medio de una gran santidad; y ellos murieron a través de una muerte dulce denominada «la muerte del beso» *véase* III Zohar 144a)». Desde ese día, los moradores de su ciudad reparaban en él.

Otra vez, un pobre pasó frente a Rabí Itzjak, y él tenía en su mano media moneda de plata. Le dijo a Rabí Itzjak:

—Complétanos a mí, y a mis hijos y a mis hijas nuestras almas. (Es decir: «Provéenos de sustento para que nuestras almas no abandonen nuestros cuerpos y a través de eso el alma estará completa en nosotros»).

Rabí Itzjak le dijo:

—¿Cómo completaré vuestras almas, no teniendo más que esta media moneda de plata?

El pobre le dijo a Rabí Itzjak:

—Con esto se completará, pues yo completaré la media moneda de plata que tienes con otra media moneda de plata que yo tengo.

Rabí Itzjak sacó la media moneda que tenía y se la dio al pobre. Después le mostraron en un sueño que pasaba por la costa del gran mar y quisieron arrojarlo a su interior para ahogarlo, y ya había empezado a caer al agua. En ese momento vio a Rabí Shimón que tendía la mano en dirección a él, para salvarlo, pero no podía llegar a él. Y entonces vino ese pobre y lo sacó de las aguas y lo entregó en manos de Rabí Shimón, el maestro, y se salvó. Cuando despertó cayó en su boca este versículo: «Bienaventurado el que piensa en el pobre; en el día malo El Eterno lo librará» (Salmos 41:1) (II Zohar 61a-b).

## PROPAGACIÓN DE UNA EPIDEMIA

Cuando se propaga una epidemia, es recomendable pronunciar el versículo que declara: «Tú eres mi refugio; me guardarás de la angustia; con cánticos de liberación me rodearás por siempre» (Salmos 32:7). Se debe pronunciar tres veces al derecho, y tres veces al revés (Segulot Israel).

En el libro Zohar se explica este misterio: Rabí Iosei abrió su enseñanza acerca de este asunto citando este versículo: «Tú eres mi refugio; me guardarás de la angustia; con cánticos de liberación me rodearás por siempre» (Salmos 32:7). Lo que está escrito: «Tú eres mi refugio», se refiere a la Presencia Divina de El Santo, Bendito Sea, que protege a la persona que va por los caminos de la Torá. Pues la Presencia Divina protege a la persona a la sombra de sus alas, para que no puedan dañarla.

A continuación está escrito: «Me guardarás de la angustia», es decir, de los que te afligen, tanto los de lo Alto como los de lo bajo. Pues en lo Alto la persona tiene enemigos, y también en lo bajo. ¿Y quién es el principal enemigo de la persona? El mal instinto denominado Ietzer Hará. Pues él aflige en lo Alto y aflige en lo bajo, ya que desciende para seducir a las personas, y convencerlas para que se perviertan, y después asciende y las acusa. Y si no fuera por el mal instinto, la persona no tendría ningún enemigo en el mundo. Pues todos los que afligen a la persona, tanto en lo Alto como en lo bajo, provienen de la acción del Mal Instinto. Por eso el rey David oró a El Santo, Bendito Sea, y le pidió: «Me guardarás de la angustia», en referencia al provocador de todos los medios que generan angustia, el Mal Instinto.

A continuación está escrito: «con cánticos de liberación me rodearás por siempre». Esta declaración es difícil de comprender. Pues si lo que está escrito: «con cánticos de liberación» se refiere a un ruego por la salvación del angustiador que me rodea, debería decir: «me rodea siempre». ¿Por qué dijo: «me rodearás por siempre», en alusión a El Santo, Bendito Sea, que es a Quien David se dirige en oración?

La respuesta es ésta: se refiere a los cánticos en los que hay diferentes grados de salvación, que ayudan a liberar a la persona de toda angustia. Pues mediante la pronunciación de las palabras del cántico se forman irradiaciones de luminosidad que contornean y rodean a la persona, para protegerla de toda angustia. Por eso David pidió: «me rodearás por siempre», con ellos. Es decir, pidió que el cántico mismo lo rodee por siempre, para salvarlo en el camino. Por eso está escrito a continuación que David pidió: «Te haré entender, y te enseñaré el camino en que debes andar» (Salmos 32:8). Es la respuesta del espíritu de santidad que le informaba a David de que su plegaria ha sido recibida.

Además, el versículo que declara «Tú eres mi refugio; me guardarás de la angustia; con cánticos de liberación me rodearás por siempre» (Salmos 32:7) se puede leer al derecho y al revés. Tanto de este lado, en dirección derecha izquierda, desde el inicio hacia el final, como de este otro lado, en dirección izquierda derecha, desde el final hacia el comienzo. Siempre se conserva el sentido del versículo. Por eso es propicio pronunciarlo tres veces al derecho, y tres veces al revés, para protegerse de una epidemia (I Zohar 178b,179a; Matok Midvash).

# X

## SALUD Y LARGA VIDA

En el Talmud y en los libros de Cábala hallamos numerosos consejos y sugerencias para tener una larga vida, sana y saludable. A continuación veremos sobre ese tema.

En el Talmud se narran varios sucesos que revelan cómo merecer una larga vida: los alumnos de Rabí Zakai le preguntaron a su maestro:

—¿Por qué mérito se te prolongaron tus días de vida?

El maestro les dijo:

—En todos mis días no hice aguas menores dentro de los cuatro codos de la plegaria, y no apodé a mi compañero, y no anulé la santificación –*kidush*– del día –que se recita en el Día de Reposo sobre una copa de vino.

Y les contó esta anécdota: una vez, yo no tenía vino para la santificación –*kidush*– del día, y mi anciana madre vendió el velo de su cabeza, y me trajo con ese dinero vino para la santificación –*kidush*– del día. Pues ella sabía que era algo muy preciado para mí.

Fue estudiado: cuando murió la madre de Rabí Zakai, le dejó como herencia trescientas medidas *garbei* de vino. Cuando él, Rabí Zakai, murió, les dejó a sus hijos como herencia tres mil medidas *garbei* de vino.

Otro suceso relacionado: Rav Huna estaba ceñido con una cinta y se puso de pie ante Rav. Rav le dijo a Rav Huna:

—¿Qué es eso?

Rav Huna le dijo:

—No tenía vino para la santificación –*kidush*– del día, y empeñé mi cinto, y compré con ese dinero vino para la santificación del día.

Rav le dijo a Rav Huna:

—Sea la voluntad de El Eterno que enriquezcas y te cubras con prendas de seda.

A continuación se narra en el Talmud: cuando se casó Raba, el hijo de Rav Huna, el padre del novio, que era un hombre bajo, se acostó en la cama. Después vinieron sus hijas y sus nueras, y no lo vieron; se quitaron sus ropas y las dejaron allí, sobre él, hasta que Rav Huna quedó cubierto por las ropas.

Se observa que se cumplió la bendición de Rav, ya que se había vuelto tan rico que les había comprado a sus hijas numerosas prendas de vestir de seda.

Rav escuchó lo que había sucedido y fue riguroso. Le dijo a Rav Huna:

—¿Por qué no dijiste cuando te bendije: «Así sea también para el maestro»?

Rav le dijo eso porque era un momento de buena voluntad en lo Alto, y así se hubiera cumplido la bendición también en él.


## SECRETOS DE LARGA VIDA

Además, se narra en el Talmud: los alumnos de Rabí Eleazar, el hijo de Shamúa, le preguntaron a su maestro:

—¿Por qué mérito se te prolongaron tus días de vida?

El maestro les dijo:

—En todos mis días, no acorté camino a través de la sinagoga, y no pasé por sobre la cabeza del pueblo santo –cuando se camina entre los alumnos que están sentados en el suelo, se ve como que si se pasara por sobre sus cabezas, y por eso el maestro llegaba a la casa de estudio antes que los alumnos–; y no levanté mis manos para recitar la bendición sacerdotal, sin recitar previamente la bendición previa.

Otro suceso: los alumnos de Rabí Preida le preguntaron a su maestro:

—¿Por qué mérito se te prolongaron tus días de vida?

El maestro les dijo:

—En todos mis días, no me anticipó ningún hombre a llegar a la casa de estudio. Y no recité la bendición en una comida antes que un sacerdote, y no comí de un animal cuyas porciones no hubiesen sido ofrendadas. Estas porciones –la pata delantera, la mandíbula con la lengua y el cuajar–deben entregarse como presente al sacerdote. Tal como dijo Rabí Itzjak, dijo Rabí Iojanán: está prohibido comer de un animal cuyas porciones no hubiesen sido ofrendadas. Estas porciones deben entregarse como presente al sacerdote. Y dijo Rabí Itzjak: todo el que comiere de un animal cuyas porciones –que deben entregarse como presente al sacerdote– no hubiesen sido ofrendadas, es como si comiese producto sin diezmar.

Y la ley no se determina conforme a su opinión, pero Rabí Preida era riguroso consigo mismo.

Otro suceso: los alumnos de Rabí Nejunia, hijo de Hakané, le preguntaron a su maestro:

—¿Por qué mérito se te prolongaron tus días de vida?

El maestro les dijo:

—En todos mis días, no me ensoberbecí del tropiezo de un compañero mío, y no ascendió a mi lecho la maldición de un compañero mío, y dispensaba mi dinero.

Ésta es la explicación: «No me ensoberbecí del tropiezo de un compañero mío», como esto que ocurrió con Rav Huna, que alzó un azadón sobre su hombro. Vino Rav Jana, el hijo de Janilai, y lo tomó de Rav Huna para cargarlo él, por el honor de Rav Huna. Rav Huna le dijo a Rav Jana bar Janilai:

—Si acostumbras a cargar un elemento como éste en el lugar donde vives, cárgalo; y si no, no me es grato que me honres con tu deshonra.

Explicación del segundo enunciado: «Y no ascendió a mi lecho la maldición de un compañero mío». Es decir: si un compañero mío me deshonraba, lo perdonaba antes de acostarme a dormir. Como esta actitud de Mar Zutra, que cuando ascendía a su lecho para acostarse a dormir, decía: «perdono a todo aquel que me hubiera afligido».

Explicación del tercer enunciado: «Y dispensaba mi dinero». Como dijo el maestro: Job dispensaba su dinero. Pues le dejaba una moneda *prutá* completa al comerciante, de su propio dinero.


## Otro consejo para tener larga vida

Rabí Akiva le preguntó a Rabí Nejunia Hagadol:

—¿Por qué mérito se te prolongaron tus días de vida?

Vinieron los sirvientes de Rabí Nejunia, y lo regañaron. Salió, y se sentó en la copa de una palmera, y de allí le dijo a Rabí Nejunia:

—Rabí, está escrito en el versículo: «Un cordero lo ofrendarás a la mañana y el segundo cordero lo ofrendarás a la tarde» (Números 28:4 ). Y si fue dicho «cordero», ¿para qué fue dicho «un»? –Ya que al decir cordero, se entiende que se trata de uno.

Rabí Nejunia les dijo a sus siervos:

—Es un joven erudito, ¡dejadlo!

Rabí Nejunia le dijo a Rabí Akiva:

—De la palabra «un» se aprende que ese cordero debe de ser «el más especial de su rebaño».

Además Rabí Nejunia le dijo a Rabí Akiva:

—Se me prolongaron mis días porque en todos mis días no recibí presentes, y no me mantuve firme en mi tendencia natural –es decir, no me dejé llevar por mis impulsos, pagándole mal por bien al que me afligiese–; y dispensaba mi dinero.

Ésta es la explicación: «no recibí presentes». Como esto de Rabí Eleazar, que cuando le enviaban presentes de la casa presidencial, no los recibía. Y, cuando lo invitaban a un banquete, no asistía. Rabí Eleazar les decía a los que le enviaban los presentes, y a los que lo invitaban:

—¿Acaso no deseáis que yo viva? Como está escrito: «El que odia los presentes vivirá» (Proverbios 15:27).

Sin embargo, Rabí Zeira, cuando le enviaban presentes de la casa presidencial, no los recibía. Y, cuando lo invitaban a un banquete, asistía.

El maestro dijo:

—Ellos se honran con mi honor –si yo estoy presente y como con ellos; y no se trata de un presente.

Explicación del segundo enunciado: «Y no me mantuve firme en mi tendencia natural», como dijo Raba:

—Todo el que pasa por alto sus tendencias naturales, –y no es puntilloso, midiendo los actos y la tendencia de los que lo afligen, y deja de lado su tendencia natural y se retira, en lo Alto–, le hacen pasar de él –le pasan por alto– todas las culpabilidades. Es decir, no se lo juzga de acuerdo con la rigidez absoluta de la ley, sino que se lo deja, como está dicho: «Carga el pecado, y hace pasar la culpabilidad» (Miqueas 7:18). Y se dedujo: ¿«el pecado» de quién «carga» El Santo, Bendito Sea? El del que hace pasar la culpabilidad –de los que se hubieran inculpado contra él.

## LOS MÉRITOS ATESORADOS

Rabí le preguntó a Rabí Iehoshúa, el hijo de Korjá:

—¿Por qué mérito se te prolongaron tus días de vida?

Rabí Iehoshúa, el hijo de Korjá, le dijo a Rabí:

—¿Acaso desprecias mi vida que me preguntas por qué mérito se te prolongaron tus días de vida?

Entonces le dijo:

—Rabí, es Torá y yo necesito estudiar –pues tal vez también yo pueda comportarme de ese mismo modo.

Rabí Iehoshúa, el hijo de Korjá, le dijo a Rabí:

—Por el mérito de que en todos mis días no contemplé el aspecto de un hombre malvado. Como dijo Rabí Iojanán: es prohibido para la persona contemplar la imagen del aspecto de un hombre malvado. Como está dicho respecto a Eliseo, que le dijo a Iehoram, el hijo de Ajav: «Si no fuese porque cargo el rostro de Iehoshafat, rey de Judá; no te miraría a ti, ni te observaría» (II Reyes 3:14) (Talmud, tratado de Meguilá 27b-28a).

## Enseñanza cabalística acerca de la longevidad

A continuación observaremos una enseñanza del libro Zohar en la que se explica el misterio de la larga vida, y también el modo correcto de rectificar el alma para merecer los beneficios supremos.

Está escrito: «Honra a tu padre y tu madre, para que se prolonguen tus días sobre la Tierra que El Eterno, tu Dios, te da» (Éxodo 20:12).

¿Cómo se los debe honrar? Tal como está escrito en relación con El Santo, Bendito Sea: «Honra a El Eterno con tus posesiones» (Proverbios 3:9). Y lo que está escrito: «con tus posesiones», se refiere a tu dinero, tal como los sabios lo han explicado. Y se deduce de aquí que la persona debe hacer lo mismo con sus padres biológicos.

Además, tal como los sabios lo han explicado, «con tus posesiones –hon–, se refiere a tu gracia –jen–. Pues la palabra *hon*, que significa literalmente 'posesiones', se escribe con una letra *he* al comienzo, y la letra *he* es gutural, al igual que la letra *jet*, por lo que ambas letras se intercambian entre sí (véase *Las claves de la numerología cabalística*, pág. 171). Es decir, a través de la alegría de una melodía, que es la gracia que emerge de los labios, y que alegra el corazón. Y se refiere a El Santo, Bendito Sea, a Quién debéis alegrar de este modo. Pues esta alegría que produce una voz agradable es una alegría del corazón.

Similar a esto, lo que está escrito: «Honra a tu padre y tu madre», no significa que se los debe honrar entonándoles melodías agradables, pues la voz agradable es un don especial que se recibe de El Santo, Bendito Sea, y no todos lo tienen, sino sólo unos pocos. Por tanto, se refiere a la melodía y la alegría apropiada para todo el mundo, es decir, las acciones aptas, las buenas acciones del hijo, que alegran el corazón de su padre y su madre. Pues las buenas acciones del hijo alegran a su padre y a su madre del mismo modo como lo hace la entonación de una agradable melodía.

Ahora bien, como mencionamos al comienzo, está escrito: «con tus posesiones», y se refiere a tu dinero, tal como los sabios lo han explicado. Y se deduce de aquí que la persona debe hacer lo mismo con sus padres biológicos, ayudándolos en todo lo que ellos necesiten. Pues así como la persona honra a El Santo, Bendito Sea, con su dinero, del mismo modo debe honrar a su padre y a su madre. Esto es así porque ellos, los padres, conforman una sociedad con El Santo, Bendito Sea, a través del hijo. Y así como la persona debe temer de El Santo, Bendito Sea, así debe temer de su padre y de su madre, y honrarlos como uno, con todo tipo de honores.

A continuación está escrito en el versículo: «para que se prolonguen tus días sobre la Tierra que El Eterno, tu Dios, te da». Esto es difícil de entender, pues un día está compuesto de un tiempo definido y limitado, veinticuatro horas. Por lo tanto, se refiere a otro tipo de días, los días cósmicos. Pues hay días en lo Alto de los cuales depende la vida de la persona en este mundo. Y fue estudiado y establecido que lo que está escrito: «para que se prolonguen tus días», se refiere a esos días de la persona en ese mundo supremo de lo Alto. Y todos los días están ante El Santo, Bendito Sea. Es decir, las obras que la persona realiza cada día están ante El Santo, Bendito Sea, y de acuerdo con ellos se sabe la vida de la persona en el mundo. Por eso fue dicho: «para que se prolonguen tus días», pues a través de las emanaciones cósmicas denominadas *sefirot,* que se denominan días, donde está enraizada la vida de la persona, allí se alargarán tus días, es decir, tu vida.

A continuación está escrito: «sobre la tierra que El Eterno, tu Dios, te da». Se trata de una promesa que estipula que, cuando la persona abandone este mundo, se vinculará con esos días supremos. Se merecerá tener provecho de las revelaciones cósmicas supremas, observando a través de la Lámpara cósmica que ilumina. Y este misterio está indicado en lo que está escrito: «sobre la tierra». O sea, en lo Alto. Ésta es la observación a través de la Lámpara cósmica que ilumina, en relación con esos días supremos que iluminan del interior de la fuente de todo (II Zohar 93a).

## El baño purificador

El baño ritual –*Mikve*– es un medio recomendado por los sabios para prolongar la vida, tal como se enseñó en el tratado talmúdico de Berajot: «Todo el que es riguroso con eso se le prolongan sus días y sus años» (Talmud, tratado de Berajot 21a).

## La alabanza auspiciosa

Una recomendación –*segulá*– para tener una larga vida es recitar en el principio del mes la alabanza denominada Halel (basada en los Salmos 113-118). Y después se deben pronunciar estos versos:

«Abraham era anciano, bien entrado en años, y El Eterno había bendecido a Abraham en todo» (Génesis 24:1).

«Zevadia. Protégeme y otórgame vida. Así sea tu voluntad, Dios de vida, y Rey del universo, que en su mano está el alma de todo ser viviente. Amén».

Estos dos versos mencionados deben repetirse tres veces (Refael Hamalaj en nombre del Zohar; Zijron Yakov Iosef).

## SECRETO DE HONESTIDAD Y LONGEVIDAD

Una recomendación –*segulá*– para tener una larga vida es cumplir con lo que está escrito: «La paga del asalariado no permanecerá en tu poder toda la noche hasta la mañana» (Levítico 19:13). Y cumplir con lo que está escrito: «Ese mismo día le darás su paga; el Sol no se pondrá sobre él, pues es pobre y su vida depende de eso; que no clame en contra de ti ante El Eterno, pues habrá en ti pecado» (Deuteronomio 24:15) (Zijron Yakov Iosef).

En tanto, en el libro Zohar consta esta importante enseñanza: está escrito: «el Sol no se pondrá sobre él», indica que –el empleador– debe cuidarse de no ser apartado del mundo por causa de él, antes de que llegue su tiempo de ser llevado, como está escrito: «Antes de que se oscurezca el sol» (Eclesiastés 12:2). Se refiere al alma, que se denomina «Sol». Y también aquí, en el caso del empleador que retuvo el pago del asalariado, está escrito: «el Sol no se pondrá sobre él». Se refiere al alma del empleador, es decir, que su alma no sea reunida por causa de él –el asalariado–. La razón se debe a que por la noche el alma del empleado asciende a lo Alto y acusa al empleador, y por eso éste puede ser llevado antes de tiempo.

De aquí se aprende otro asunto, que así como el que disminuye la vida del pobre reteniendo su salario, su propia vida será disminuida, quien completa el alma del pobre, incluso hubiese llegado el momento de partir del mundo, El Santo, Bendito Sea, completa su alma, y le otorga más vida. Pues así como él aumentó vida al pobre, se le aumenta vida a él (III Zohar 84b, 85a; Mefarshei HaZohar).

## LA PROTECCIÓN DE UNA MEZUZÁ

Un elemento al que se le atribuye la virtud de proteger la salud y prolongar la vida es una *mezuzá*. Y tal virtud consta explícitamente en la Biblia, como está escrito: «Colocaréis estas palabras Mías sobre vuestro corazón y sobre vuestra alma... Y las escribirás en las jambas de tu casa y en tus portales. A fin de prolongar vuestros días y los días de vuestros hijos sobre la Tierra que El Eterno juró a vuestros antepasados que les daría, como los días de los Cielos sobre la Tierra» (Deuteronomio 11:18-21).

Quiere decir que por prescripción bíblica una *mezuzá* protege la salud de la persona, hace que se prolongue su vida y la de sus hijos.

Pero eso no es todo, pues, además, en el reverso del pergamino de la *mezuzá* se escribe el nombre de El Santo, Bendito Sea, denominado «Shadai». A través del mismo, asociado a la *mezuzá,* se consigue protección y benevolencia de lo Alto. Sus propiedades permiten modificar incluso los designios astrológicos adversos y desfavorables. Y también mediante este Nombre se puede batir al enemigo y al opresor (Ben Ish Jai año II sección Ki Tavó).

En tanto que en la exégesis talmúdica denominada Mordejai, consta esta declaración en nombre del gran exegeta Marán de Rotemburg: «Os aseguro que cada casa que tenga una *mezuzá* de acuerdo con la ley, ninguna fuerza maligna podrá ejercer dominio allí» (Sefer Segulot Israel: Mezuzá; Darkei Moshé 287).

## PROTECCIÓN DE LO ALTO

En el Midrash consta este suceso: Arteván era un hombre acaudalado muy importante y distinguido. Una vez le envió a Rabí Iehuda Hanasí, que era el dirigente rabínico más importante de esa época y el autor del compendio recopilatorio de la Torá oral denominado Mishná, una perla de mucho valor. Arteván le dijo al representante que cuando le entregase el presente le dijera a Rabí Iehuda Hanasí:

—Envíame algo bueno, que sea tan bueno como esto que te he enviado.

Rabí Iehuda Hanasí le envió una *mezuzá,* insinuándole que no debe vanagloriarse con las riquezas materiales.

Arteván le envió decir a Rabí Iehuda Hanasí:

—Yo te he enviado un objeto de mucho valor, y tú me has enviado un objeto de poco valor.

Rabí Iehuda Hanasí le envió esta respuesta:

—Mis deseos –espirituales– y tus deseos —terrenales– no son comparables con ella. Y no sólo eso, sino que tú me has enviado un objeto al que tendré que cuidar, y yo te he enviado un objeto que tú duermes y él te cuida a ti. Como está dicho: «Te guiará cuando andes, cuando duermas te cuidará, cuando despiertes será tu hablar» (Proverbios 6:22).

Ésta es la explicación: «Te guiará cuando andes», en este mundo; «cuando duermas te cuidará», es decir, cuando mueras; «cuando despiertes será tu hablar», se refiere a la resurrección futura, en el Mundo Venidero (Midrash Raba: Génesis 35:3).

## El protagonismo del escriba

Ahora bien, para que la *mezuzá* proteja la casa y a las personas que moran en ella, es imprescindible que la misma esté completamente de acuerdo con las leyes de la Torá. Si faltara un solo detalle que la valida, la *mezuzá* es inválida, y no protegerá de nada. Por eso es importante comprar la *mezuzá* de un escriba habilitado y temeroso de Dios.

A continuación explicaremos algunos aspectos relacionados con la complejidad de la escritura de una *mezuzá* y las condiciones que debe reunir el escriba. Estos detalles se encuentran explicitados en el Código Legal en el apartado designado a las leyes de la escritura de las filacterias, que contienen el texto de los dos fragmentos bíblicos que se escriben en la *mezuzá* y otros dos fragmentos. Y las leyes para la escritura de las filacterias y la *mezuzá* son las mismas.

## La concentración del escriba

Al comienzo de la escritura el escriba debe pronunciar con su boca la declaración: «Yo escribo en nombre de la santidad de las filacterias». Además, cada vez que se dispone a escribir una mención de El Eterno –como el Tetragrama–, el escriba debe pronunciar con su boca la declaración: «Yo escribo en nombre de la santidad de El Nombre» (Código Legal –Shulján Aruj–: *Oraj Jaim* 32:19).

Según el apéndice del sabio Rabí Moisés Iserlisch, a posteriori se permite la escritura de una mención de El Eterno cuando el escriba pensó –en la consagración de la escritura de El Nombre–, y no lo expresó con su boca.

Pero al comienzo de la escritura el escriba –que se dispone a escribir filacterias– debe pronunciar indefectiblemente con su boca la declaración: «Yo escribo en nombre de la santidad de las filacterias». Y no es suficiente con pensarlo, siquiera a posteriori; ya que si no pronunció esta declaración, la escritura será inválida (Mishná Berura Ibíd.).

## UNA FALTA DE ATENCIÓN

Ahora bien, ¿qué ocurre cuándo el escriba escribió una letra sin consagrar la escritura previamente? ¿Hay algún modo de validar esa escritura?

En un caso así, las filacterias son inválidas, tal como lo establece la ley en Código Legal –Shulján Aruj–: *Ioré Dea* 274. Y no es permitido pasar la pluma nuevamente por esa letra que se escribió sin consagrar para validar la letra y seguir escribiendo (Mishná Berurá en Shulján Aruj: *Oraj Jaim* 32:19).

Se aprecia aquí una razón importante que impide a una *mezuzá* ser válida, se trata de un pequeño descuido, pero es irreparable. Si el escriba comenzó a escribir y no pronunció la declaración mencionada, la *mezuzá* será inválida y esa escritura no podrá ser validada de modo alguno.

## LETRAS QUE SE TOCAN

Otro detalle importante en la escritura de filacterias –y *mezuzá*– es que ninguna letra puede tocar a otra letra, por eso toda letra debe estar contorneada por el pergamino.

Apéndice: y debe escribirse a través de una escritura íntegra, no haciendo faltar siquiera el espinillo de la letra *iud;* y deben colocarse los bastoncillos denominados *taguim,* de acuerdo con la ley (Código Legal –Shulján Aruj– Oraj Jaim 32:4; hagaá).

Resulta que si una sola letra se toca con la otra, las filacterias o la *mezuzá* que presenten ese defecto son inválidas. Y si una letra fue escrita en el borde del pergamino, sin que hubiese quedado nada de pergamino para contornear a la letra, esas filacterias o la *mezuzá* que presenten ese defecto, son inválidas.

Ahora bien, en el caso en que la forma de una letra esté completa de acuerdo con la ley, y se toca con otra letra cuya forma también está completa, las filacterias o la *mezuzá* son inválidas, como dijimos, pero, por cuanto que la forma de las letras no se alteró, es posible separarlas y las filacterias o la *mezuzá* serán aptas.

Pues para un caso así la ley establece: si una letra está pegada a otra letra, ya sea desde antes de culminársela o después de culminada –la escritura– es inválida. Y, si se raspó y se separaron –las letras–, –la escritura– es válida. Y no se denomina «grabado del interior de la letra», pues la letra estaba escrita correctamente (Shulján Aruj: *Oraj Jaim* 32:18).


## Una gota de tinta

Si cayó una gota de tinta sobre una letra, y esa letra no se nota, es decir, se alteró su forma a causa de la gota de tinta caída sobre ella, no es posible arreglarla raspando la tinta caída para hacer que la letra recupere su forma original. Pues, si se hace esto, la letra se formaría por el grabado –raspado– de su interior, y eso es prohibido. Pues está escrito: «Y escríbelas en las jambas de tu casa y en tus portales» (Deuteronomio 6:9). Se aprecia que está escrito: «y escríbelas», y no está escrito: «y grábalas».

La misma ley se aplica cuando el escriba se equivocó y escribió una letra *dalet* –que posee una forma recta en el extremo superior derecho– en lugar de *reish* –que posee una forma curva en el extremo superior derecho.

Lo mismo se aplica al caso en que el escriba se equivocó y escribió una letra *bet* en lugar de una letra *caf.* No se puede solucionar borrando el sobrante porque sería como grabado del interior de la letra y no escritura (Shulján Aruj: *Oraj Jaim* 32:17).

## LETRAS FALTANTES Y SOBRANTES

El escriba debe hacer hincapié en las letras faltantes y sobrantes (pues en el original hebreo hay letras auxiliares que en ocasiones están escritas y otras no, y debe respetarse cada detalle en forma estricta). Pues, si el escriba hizo faltar o agregó una letra, las filacterias son inválidas, y quienes se las colocan cada mañana recitan cada mañana una bendición en vano. Y además esta persona –que se coloca las filacterias en estas condiciones– permanece todos los días sin cumplir con el precepto de colocarse las filacterias. Por eso el escriba de filacterias y quien se ocupa de los arreglos de las mismas debe ser muy reverencial del Omnipresente, y temeroso de Su palabra (Código Legal –Shulján Aruj–: *Oraj Jaim* 32:20).

Todas las letras que constan en el texto original hebreo deben estar escritas correctamente. Incluso si el escriba hizo faltar el espinillo de la letra *iud,* la misma no está completa y es como si no estuviera escrita *(véase* Mishná Berurá Ibíd.; y *véase* tratado talmúdico de Menajot 29a).

## Un escriba experto y responsable

Como se dijo, el escriba debe ser una persona muy reverencial del Omnipresente, y temeroso de Su palabra. Por lo tanto, es incorrecto que un escriba profesional y habilitado permita a sus alumnos ocuparse de la escritura hasta que ellos se conviertan en escribas expertos. Tal como escribió Levush: no debe actuarse como lo hacen ciertos escribas en la actualidad, que ponen a los jóvenes discípulos de ellos a escribir filacterias para que se habitúen a la escritura; y después el escriba revisa si fueron escritas acorde a la ley en lo concerniente a las letras faltantes y sobrantes, y lo considera suficiente para determinar la aptitud de las mismas. Y los escribas que hacen esto consideran el dinero –de la venta de las filacterias– como pago del estudio por parte de los jóvenes. Y estos escribas se permiten esto y dicen: «Yo al hacer esto soy generoso y es como si hiciera un acto de bondad con los jóvenes que son pobres, pues les enseño la profesión de la escritura gratuitamente, que es un trabajo sagrado».

Y el sabio Levush dijo: Pero yo digo que la ganancia de esos escribas es en realidad una pérdida, pues por el contrario, ellos no actúan bien con el pueblo, ya que los jóvenes, jóvenes son, y no saben diferenciar entre derecha e izquierda. Y ellos no se concentran en absoluto. Sólo se ocupan de escribir embelleciendo la escritura, sin ninguna santidad, ni ninguna concentración específica por el cumplimiento del precepto. Y la penalización que le corresponde al escriba es muy severa, pues hace tropezar a las personas, que se colocan esas filacterias inválidas. Y no sólo eso, sino que para enaltecer su mercancía, el escriba dirá a todos: «¡Yo he escrito estas filacterias, y con una gran concentración!». Y todo el que actúe de este modo finalmente deberá rendir cuentas en lo Alto y recibirá la severa penalización que le corresponde. En alusión a ellos está dicho: «Maldito el que hiciere con engaño la obra de El Eterno» (Jeremías 48:10).

Por tal razón, el escriba debe ser cuidadoso y precavido, y alejarse de esto, y le irá bien. Pues si bien se dijo que las filacterias deben ser escritas «en su nombre», no quiere decir en el nombre del dueño de las filacterias, sino en el nombre de la santidad de las filacterias.

Por lo tanto, deben designarse escribas de filacterias dignos, hombres de verdad, que odien el despojo, poseedores de Torá, temerosos de Dios y que reverencien Su palabra con todas sus fuerzas. Y se debe ser estricto en el designado de los escribas, como con el designado de los matarifes de animales y los que inspeccionan la faena. No debe confiarse en todos los escribas, pues hay de ellos cuya única intención es ganar dinero mediante la escritura y los bellos arreglos que hacen en las filacterias. Y, aunque sea que es correcto embellecer los preceptos, y si ellos hubieran tenido esa intención sería bueno, esto es así en el caso en que su intención fuese también por la santidad; pero en eso ellos no son cuidadosos (Mishná Berurá, Shulján Aruj: *Oraj Jaim* 32:20).

## El rigor de la ley

Por tanto, ya que la *mezuzá* protege la casa y a las personas que moran en ella únicamente cuando la misma fue escrita acorde a la ley, y no hay en ella ningún error, es necesario adquirirla de un escriba correcto y temeroso de Dios.

# XI

# EL FACTOR EMOCIONAL

Esas recetas que hemos mencionado, y los consejos y sugerencias, fueron transmitidos de sabio a sabio, de generación en generación, durante centurias. Las mismas son muy poderosas y con un grado adecuado de captación de la energía suprema de lo Alto, pueden ayudar a librar a la persona de los flagelos que la acosan.

Ahora bien, los medios curativos basados en las enseñanzas de la Cábala incluyen tanto remedios para enfrentar enfermedades somáticas como emocionales, pues toda enfermedad somática está enraizada en una reacción emocional, ya que toda la creación está fundamentada y estructurada sobre las emociones. Como fue enseñado: «Cuando El Eterno creó el universo, combinó la misericordia con el rigor, y con este producto realizó la creación» *(véase* Rashi en Génesis 1:1, Gur Arie, Midrash Bereshit Raba XII).

## EL FACTOR PSICOLÓGICO

Este fenómeno se manifiesta también en los medicamentos y los diversos tipos de curaciones, tal como enseñó el sabio Meiri: hay entre las fórmulas manifestadas en el Talmud aquellas que

---

influyen en las personas solamente por un factor psicológico. Y algunas fueron permitidas de ser aplicadas incluso en el Día de Reposo, debido a que había muchos que estaban absolutamente seguros de la eficacia de esas fórmulas, y su confianza en el efecto curativo que tenían provocaba que su salud mejorara.

Por lo tanto, debido a la gran importancia que tiene el factor psicológico, no es de extrañar que en los libros ancestrales de recomendaciones curativas –*segulot*– se enumeren fórmulas para combatir las enfermedades somáticas, y también las emocionales. Por eso se encuentran entre las fórmulas recetas y consejos para lograr el éxito y alcanzar la alegría. Asimismo se incluyen consejos y remedios para triunfar en los negocios, superar los traumas amorosos, combatir el temor, recuperar un amigo, mudarse de casa, y muchos otros factores que están directamente relacionados con el aspecto emocional de la persona.

A continuación revisaremos recetas, muchas de ellas inéditas, que fueron proscritas por los sabios en relación con todas estas áreas mencionadas.

## Consejo para ser amado

Para ser apreciado en la Tierra, por las personas, y amado en lo Alto, debe cumplirse con el precepto: «Amarás a tu prójimo como a ti mismo». A través de eso se obtendrá gracia ante El Eterno y las personas. Asimismo debe considerarse que para ser amado por todos, y hallar gracia ante Dios y las personas, es necesario controlar los impulsos. O sea, se debe ejercer dominio sobre la tendencia natural de reaccionar agresivamente. Y se debe actuar de modo piadoso, haciendo más de lo que estipula la ley.

Además, para conseguir el amor de todos es propicio recitar todos los días los signos de la entonación –es decir, los acentos musicales– para leer la Torá (Sefer Zejaria; Zijron Yakov Iosef; Segulot Israel en nombre de Rajamei Ab).

## Enfermedad del amor

Una persona que está enferma de amor puede anular ese padecimiento bebiendo agua que fue cocida con ramas de sauces de arroyo (Segulot Israel; Zijron Yakov Iosef).

## Amor de la mujer

El hombre que desea incrementar el amor de su mujer ha de tomar huevos de hormigas y mencionar el nombre de su esposa y el de su madre. Después los arrojará a las brasas y dirá: «Así como estos huevos se han calentado, que del mismo modo se caliente y arda el corazón de Mengana hija de Zutana» (Zijron Yakov Iosef).

## Paz conyugal

Esta recomendación –segulá– fue proscrita para recuperar la paz de un matrimonio en el que el hombre no está en paz con su mujer, y la aborrece.

Se ha de escribir el nombre de él y el nombre de ella en un pergamino liso y grueso, y con letras claras –de escriba– en una sola línea. Y, debajo de esta línea, se escribirá otra línea con las palabras de este versículo –en hebreo–: «Sea paz a ti, y paz a tu familia, y paz a todo cuanto tienes» (I Samuel 25:6).

Después se coloca el pergamino dentro de zumo u otra bebida, y se aguarda a que la escritura se borre. Y el marido no debe saber nada de esto. Y la mujer le dará de beber a su marido el zumo para que se aparte el odio de su corazón.

Si es posible, esto debe hacerse en la víspera del Día de Reposo –Shabat–, y con el vino que fue preparado para la ceremonia de recepción del Shabat –Kidush– (Refael Hamalaj; Zijron Yakov Iosef).

## PROTECCIÓN Y CUIDADO

Ésta es una recomendación –segulá– indicada para protección y resguardo de los seres y entes malignos, dañinos e impuros: en la festividad de Pesaj se come pan ácimo, como está escrito: «En el primer mes, el día catorce del mes, a la noche comeréis pan ácimo [...]» (Éxodo 12:18).

Con el pan ácimo se comienza la cena y también se culmina. Pues al finalizar la comida se come otro trozo de pan ácimo que se denomina *afikomán*. Y los sabios enseñaron que es propicio guardar un poco del *afikomán*, y llevarlo en el bolsillo. Es una recomendación –segulá– para salvarse de los ladrones y también para apartar a los entes dañinos –klipot.

La razón de esta recomendación es porque la palabra hebrea con que se denomina al pan ácimo es *matzá*, y está asociada con la palabra *meribá*, que significa disputa. Como está escrito: «Llamó al lugar Masá Umeribá, debido a la disputa –rib– de los Hijos de Israel y debido a que probaron a El Eterno, diciendo: "¿Acaso El Eterno está entre nosotros, o no?"» (Éxodo 17:7). Y el erudito

Onkelus tradujo al arameo la expresión: «Masá Umeribá» como *«matzuta»*. Y esta palabra comparte raíz con *matzá*. Resulta que la palabra *matzá* tiene relación con el misterio de las disputas.

También se puede guardar un poco del *afikomán* en un lugar escondido en la casa, por lo dicho anteriormente (Sefer Likutei Meir en nombre de Kitzur Shla 67).

Se acostumbra a guardar el *afikomán* de un año hasta el otro año (Dibrei Tzadikim).

Asimismo guardar el *afikomán* en la casa es una buena recomendación –*segulá*– para tener buen sustento; y también para muchas otras cosas, tal como lo es el pergamino denominado *mezuzá* que se coloca en la entrada de la casa (Alfa Beta; Zijron Yakov Iosef).

Asimismo, el *afikomán* es recomendado para calmar el mar embravecido. Se ha de tomar en la mano el volumen equivalente al tamaño de una aceituna de *afikomán* y arrojarlo a los cuatro puntos cardinales de la embarcación (Segulot Israel; Zijron Yakov Iosef).

## MEDICINA DE AMOR

Una recomendación –*segulá*– para conseguir el amor de otra persona es ésta: se toma un pez vivo y se mata con las propias manos. Se cocina y da a comer a la persona que se desea obtener su amor (Refua Vejaim Mirushalaim; Zijron Yakov Iosef).

## AMOR ENTRE UN HOMBRE Y SU MUJER

Se debe adquirir una manzana nueva y una aguja nueva en una tienda. Se traza un círculo en la manzana con la aguja y se escribe dentro del círculo Adam y Java –Adán y Eva–. Además se escribe el nombre del varón debajo del nombre de Adam, y el nombre de la mujer debajo del nombre de Java. Y ambos deben comer la manzana (Zijron Yakov Iosef maarejet alef; Ialkut Moisés).

Para que haya amor entre un hombre y una mujer debe pronunciarse el Salmo 139. Y también es propicio recitar el Salmo 140 (Zijron Yakov Iosef; Shimush Tehilim).

## ABORRECIMIENTO POR SU MUJER

Si un hombre aborrece a su mujer, que pronuncie el Salmo 46 sobre aceite de oliva, y que unte con él a su mujer (Zijron Yakov Iosef; Shimush Tehilim).

## AMOR DE LA MUJER

Para obtener el amor de la mujer, el hombre debe escribir su nombre sobre pan o una manzana, y darlo de comer a su mujer (Zijron Yakov Iosef; Derej Ieshara). Una mujer que desea obtener el amor de su esposo debe lavar sus pechos con vino, y darle de beber ese vino (Zijron Yakov Iosef; Derej Ieshara).

## PASIÓN Y AMOR

Para conseguir el amor de una persona se deben tomar plumas de dos gallinas cuando se están uniendo. Después se tocará con las plumas a quien se desea su amor (Zijron Yakov Iosef; Derej Ieshara).

## Amor conyugal

Un hombre que desea que su mujer lo ame, es recomendable que tome polvo de debajo del pie izquierdo de ella, y lo ate a sus ropas (Ialkut Moisés; Segulot Israel). Un hombre que desea amar a su mujer, es recomendable que tome sal y la arroje al fuego. Entonces dirá: «Así como la sal arde, que arda el corazón de mengano hijo de zutano –el nombre de él y su padre–, para amar a su esposa, Mengana hija de Zutana –el nombre de ella y su madre–». (Ialkut Moisés; Segulot Israel).

## Discusiones entre el marido y la mujer

Cuando hay discusiones entre el hombre y la mujer, sin que exista una causa razonable para que eso ocurra, debe examinarse el documento de casamiento –*ketuva*– de ellos, para verificar si hay algún error. Y cuando el error sea reparado, se anularán las discusiones (Zijron Yakov Iosef).

## Evitar hablar durante el sueño

Para evitar hablar mientras se duerme, se debe colgar un diente de perro (Zijron Yakov Iosef; Shbilei Emuna Netiv IV).

## Protección de la casa

Para proteger la casa de daños y dañadores se ha de dejar frente a la puerta un codo por un codo –medio metro por medio metro– sin pintar (Zijron Yakov Iosef; Segulot Israel).

## Educación de los hijos

Quien tiene problemas con la educación de sus hijos debe leer todos los días la sección del Pentateuco que describe la creación del mundo y se encuentra al comienzo del Génesis (Zijron Yakov Iosef; Refua Vejaim).

Otro consejo: una mujer que tiene dificultades con la educación de sus hijos, o no tiene hijos, es recomendable que antes de encender las velas de Shabat, dé algunas monedas para caridad. Y después de encender las velas, que pronuncie el fragmento del libro de los profetas que se lee en el primer día de Rosh Hashaná (o sea, el texto que se encuentra en I Samuel, desde 1:1 hasta 2:10). Además, es apropiado que comprenda lo que pronuncia. Y debe recitar los versículos con concentración (Sefer Zeer Zahav; Segulot Israel).

## Calmar el llanto de un niño

Cuando un niño pequeño está enfermo y llora por el dolor, es recomendable susurrarle al oído este versículo: «Ciertamente el pueblo morará en Tzion, en Jerusalén, nunca más llorarás, El Misericordioso se apiadará de ti, al oír la voz de tu clamor te responderá» (Isaías 30:19) (Refuta Vejaim; Segulot Israel).

## Amamantar

Una madre que necesita aumentar la producción de leche materna, es aconsejable que cocine lentejas en vino y lo beba (Zijron Yakov Iosef; Maré Haieladim).

## ANGUSTIA

Una persona que sufre de angustia, es recomendable que tome flores de romero, y las ate a su brazo derecho. El efecto perdurará mientras lleve atadas las flores a su brazo (Zijron Yakov Iosef; Refuat Vejaim de Ierushalaim).

## VIAJE PELIGROSO

Cuando la persona está por salir al camino, es recomendable que tome sal en su mano, y pronuncie siete veces el Salmo 125. Y si en medio del camino se topa con enemigos, ha de arrojar la sal ante ellos, o entre ellos (Najmánides; Zijron Yakov Iosef).

## ÉXITO

Para tener éxito, es propicio que cuando un hombre encuentre monedas en el suelo no las gaste, sino que las coloque en un pequeño monedero, y que las tenga siempre con él (Zijron Yakov Iosef; Refael Hamalaj).

Otro consejo: el mejor remedio para obtener el éxito es el cumplimiento de los preceptos. Es el medio ideal para ascender de la oscuridad de la pobreza a la luz de la riqueza.

Considérese que «preceptos», en hebreo se escribe mediante la locución *mitzvot,* cuyo valor numérico es el mismo que el de la locución *hatzlajot,* que significa «éxito». Es decir, que vengan los preceptos, y llegarán los éxitos (Imalet Nafshó; Segulot Israel).

Otra recomendación: es propicio recitar en el mes hebreo de Elul, desde el primero del mes, hasta después de la fiesta de Sheminí Hatzeret, el Salmo XXVII. Se debe recitar por la mañana y la noche. Sirve para tener éxito y anular malos decretos (Segulot Israel).

También todos los días del año es propicio recitar este Salmo, ya que es favorable para alcanzar el éxito *(véase* Sefer Imalet Nafshó).

Otro consejo: para obtener éxito y simpatía ante las demás personas, es recomendable tomar estos cinco metales: oro, plata, cobre, estaño y plomo. Con ellos se deberá hacer un anillo después de la culminación del Shabat, cuando la luna esté en crecimiento. Y debe finalizarse la labor antes de que cante el gallo. Llevando el anillo el hombre atraerá el éxito y la gracia. Y será en momentos en que Júpiter irradia y ejerce dominio en la Tierra (Imalet Nafshó; Segulot Israel).

## Obtención de éxito

Para tener éxito, es recomendable recitar el Salmo VI del libro de los Salmos (Likutei Maharán; Sefer Refuta Vejaim; Segulot Israel).

Éste es el Salmo VI: «Al músico principal; con la lira de ocho cuerdas, Salmo de David. El Eterno, no me reprendas en tu enojo; ni me castigues con tu ira. Ten misericordia de mí, El Eterno, porque estoy afligido; sáname, El Eterno, porque mis huesos se estremecen. Mi alma está muy turbada; y tú, El Eterno, ¿hasta cuándo? Vuélvete, El Eterno, libra mi alma; sálvame en aras de tu bondad. Porque en la muerte no hay memoria de ti; en el sepulcro, ¿quién te reconocerá? Estoy extenuado de tanto gemir;

todas las noches derramo mi aflicción –estando acostado– en mi cama, inundo de lágrimas mi lecho. Mis ojos están consumidos de sufrir; se han envejecido a causa de todos mis angustiadores. Apartaos de mí, todos los hacedores de iniquidad, porque El Eterno ha oído la voz de mi llanto. El Eterno ha oído mi súplica; El Eterno ha recibido mi oración. Se avergonzarán y se turbarán mucho todos mis enemigos; se volverán y serán avergonzados inmediatamente».

## ÉXITO EN EL COMERCIO

Para alcanzar el éxito en las actividades comerciales, es recomendable tomar nueve tipos de legumbres, y molerlas bien, hasta convertirlas en harina. Después amasar la harina con leche de madre y hacer un pequeño pastel. Se hornea, y se lo lleva consigo. Es un medio recomendable para atraer a los clientes (Imalet Nafshó; Segulot Israel).

Otro consejo: para alcanzar el éxito comercial, es propicio apoyar a los estudiosos de la Torá. Como está escrito: «Para Zabulón dijo: "Alégrate, Zabulón, en tus salidas, e Isacar en tus tiendas"» (Deuteronomio 33:18). ¿Qué misterio encierra este versículo? Cuando una persona sale –al camino para comerciar–, no está alegre, pues duda si obtendrá ganancias o perderá dinero. Sin embargo, esto no era así para los de la tribu de Zabulón, que apoyaban a los de la tribu de Isacar, que estaban en tiendas y estudiaban la Torá. A esto se refiere lo que está escrito: «Alégrate, Zabulón, en tus salidas, e Isacar en tus tiendas». ¿Por qué se alegraba Zabulón en sus salidas? Porque «Isacar estaba en tus tiendas». Es decir, porque apoyaban a los estudiosos de la Torá, y por eso tenían éxito en el comercio (Imalet Nafshó, Minjat Iosef; Segulot Israel).

En el Midrash se menciona este suceso: está escrito: «Cuando El Eterno, tu Dios, ensanche tu frontera como Él te ha dicho» (Deuteronomio 12:20). ¿Cómo se explica? A esto se refiere lo que está escrito: «Lo que el hombre da le ensancha el camino, y lo lleva delante de los grandes» (Proverbios 18:16). Tal como ocurrió con Rabí Eliezer y Rabí Iehoshúa, que salieron para recaudar dinero por mandato de los sabios, para sostener a los estudiosos de la Torá. Ellos fueron a Antioquía, y allí había un hombre llamado Aba Iudán, que estaba habituado a dar a los sabios una contribución honorable cada vez que lo visitaban.

Pero ahora Aba Iudán no estaba en condiciones de obrar como siempre lo hizo, porque había empobrecido. Por eso, cuando vio a Rabí Eliezer y a Rabí Iehoshúa, que habían llegado para recaudar dinero, se ocultó de ellos. Entró en su casa y se quedó allí dos días, sin ir siquiera a la feria.

Su mujer le preguntó:

—¿Por qué no vas a la feria, y por qué tienes el rostro demudado?

Él le dijo:

—Los sabios han venido a recaudar dinero para los estudiosos, que se abocan al estudio de la Torá; y yo me avergüenzo de ir a la feria.

Su mujer, que era amante de los preceptos, le dijo:

—¿Acaso no nos ha quedado un campo? ¡Vende la mitad, y dale a ellos el dinero!

El hombre hizo como su mujer le había sugerido, y vendió la mitad del campo por cinco monedas de oro. Dio el dinero a los sabios, y les dijo:

—¡Orad por mí!

Ellos oraron por él y le dijeron:

—¡El Omnipresente llene tu carencia!

Después los sabios salieron de allí y fueron a recaudar fondos a otro lugar. E, inmediatamente después que ellos se fueron, fue a trabajar y aró en la mitad el campo que le había quedado. Pero en medio de la labor, la pata de su vaca se hundió en un pozo y se quebró. Aba Iudán enseguida la asistió, y trató de sacarla de allí, y halló un gran tesoro. Aba Iudán enriqueció, y su riqueza fue mayor que la que tuvo en el pasado.

Cuando los sabios volvieron para recaudar dinero, pasaron por ese lugar, preguntaron por Aba Iudán. Los lugareños les dijeron:

—Él tiene siervos y siervas, cabras, camellos y toros.

Le dijeron a uno de los pobladores:

—¡Por tu vida –le aseguraron una bendición–, haz que nos encontremos con Aba Iudán!

El hombre les dijo:

—¿Quién puede encontrarse con el rey? ¡Ciertamente que es difícil, y más aún con Aba Iudán!

Los sabios le dijeron:

—Sólo pedimos que se entere de que pasamos por aquí y preguntamos por él.

Aba Iudán se enteró y fue al encuentro de ellos, y les entregó mil monedas de oro. Les dijo:

—¡Vuestra oración ha dado frutos!

Ellos le dijeron:

—Nosotros sabíamos de tus buenas obras, que has dado más de lo que podías, y por eso te pusimos a la cabeza del listado de los donantes –aunque había otros que dieron más.

Después los sabios dijeron acerca de él el versículo que declara: «Lo que el hombre da le ensancha el camino, y lo lleva delante de los grandes» (Midrash Rabá: Deuteronomio 4:8).

## AFRONTAR UN JUICIO

Cuando se debe enfrentar un juicio, es propicio aferrar con la mano derecha una pequeña *mezuzá* apta (Zijron Yakov Iosef).

## SENTENCIA JUDICIAL

Cuando se tiene un pleito judicial, y los jueces analizan el caso que está vinculado con uno, es propicio recitar los versículos de la plegaria que comienza con las palabras: «David bendijo –*vaibarej David*–», hasta la declaración: y enaltecido sobre toda bendición y alabanza –*umromam al kol beraja utehila*–» (Zijron Yakov Iosef).

Éste es el texto completo: «David bendijo a El Eterno ante toda la congregación, y dijo David: Bendito seas Tú, El Eterno, Dios de Israel nuestro padre, desde siempre hasta siempre. Tuyas son El Eterno, la grandeza, el poder, la magnificencia, la victoria y el esplendor, porque todo lo que está en los Cielos y en la Tierra es Tuyo. Tuyo, El Eterno, es el reino, y Tú eres excelso sobre todos. Las riquezas y la gloria proceden de ti, y Tú gobiernas sobre todo; en tu mano está la fuerza y el poder, y en tu mano engrandecer y fortalecer a todos» (I Crónicas 29:10-13). «Ahora pues, Dios nuestro, nosotros te agradecemos y loamos tu maravilloso Nombre. Y sea bendecido tu glorioso Nombre, y enaltecido sobre toda bendición y alabanza» (Nehemia 9:5).

## Aflicciones

Cuando una persona se halla en medio de una aflicción, y desea salvarse de la misma, es propicio que recuerde las maravillas que El Santo, Bendito Sea, hizo con él en el pasado (Zijron Yakov Iosef; Midrash Shojar Tov).

Otra recomendación: cuando sobrevienen a la persona numerosas aflicciones, es propicio ser generoso con los demás dando caridad, orar a El Santo, Bendito Sea, cambiarse el nombre y cambiar la actitud. Tal como se enseñó en el Talmud: Dijo Rabí Itzjak: cuatro cosas destruyen el mal decreto sentenciado contra una persona. Éstas son: la caridad, clamar, el cambio de nombre y el cambio de acción que lo hace retornar al buen camino.

Éstas son las fuentes: caridad, como está escrito: «Y la caridad salvará de la muerte» (Proverbios 11:4). Clamor, como está escrito: «Entonces ellos clamaron a El Eterno en su angustia y Él los sacó de sus aprietos» (Salmos 107:28). Cambio de nombre, como está escrito: «Sarai, tu esposa, no la llamarás por su nombre Sarai, porque Sara es su nombre» (Génesis 17:15), y está escrito en el versículo siguiente: «la bendeciré a ella, y también te daré un hijo a través de ella». Cambio de acción, porque está escrito en relación con la malvada ciudad de Nínive: «Dios vio sus acciones, que ellos se arrepintieron de su mal camino» (Jonás 3:10), y está escrito a continuación: «Dios se compadeció respecto del mal que había dicho que traería sobre ellos, y no lo hizo».

Otra enseñanza: también un cambio de lugar destruye el mal decreto sentenciado contra una persona, como está escrito: «El Eterno le dijo a Abraham ¡Vete de tu tierra!» (Génesis 12:1).

Y a continuación está escrito: «Y Yo te convertiré en una gran nación; te bendeciré y engrandeceré tu nombre, y tú serás una bendición. Bendeciré a aquellos que te bendigan, y al que te maldiga lo maldeciré; y todas las familias de la Tierra se bendecirán en ti» (Génesis 12:2-3) (Talmud tratado de Rosh Hashaná 16b).

## Memoria

Debe evitarse vestir el zapato izquierdo en el pie derecho, o el derecho en el izquierdo, pues provoca olvido. Y lo mismo ocurre con quien cose una ropa sin quitársela (Zijron Yakov Iosef).

Otra sugerencia: para desarrollar la memoria, es propicio comer miel de abejas todos los días en ayunas. ¿De qué manera? Debe tomarse la miel sumergiendo el dedo índice de la mano derecha en la misma, y se come. Esto debe hacerse cada mañana, y también por la noche, antes de comer cualquier otra cosa (Zijron Yakov Iosef).

Otro consejo: para desarrollar la memoria y evitar el olvido es aconsejable ingerir aceite de oliva –pero no se debe beber solo, sino que se debe mezclar con otros alimentos– (Talmud, tratado de Oraiot; Zijron Yakov Iosef).

## Gracia

Para hallar gracia ante las demás personas se recomienda secar un ojo de lobo al sol, y colocarlo en cuero, o una tela, y llevarlo consigo (Zijron Yakov Iosef).

## Control de la risa y la ira

Para controlar la risa en un momento inapropiado para reír, es recomendable observarse las uñas. Este consejo también sirve para controlar la ira (Sefer Zejira Lajaim; Zijron Yakov Iosef).

## Oración por aflicciones

El rezo siempre es beneficioso, tal como dijo Rabí Itzjak: «Clamar es beneficioso para una persona tanto antes del decreto Celestial como después del decreto» (Talmud tratado de Rosh Hashaná 16a).

Pero no hay que esperar que el rezo sea cumplido debido a la concentración que se puso al pronunciarlo. Tal como enseñó Rabí Itzjak: Tres cosas hacen que los pecados de una persona sean recordados por la corte Celestial. Éstas son: pasar por debajo de una pared inclinada, esperar que el rezo de uno sea cumplido debido a la concentración que puso al pronunciarlo, y someter a juicio del Cielo al propio compañero.

Porque Rabí Avín dijo: Quienquiera que someta a juicio del Cielo a su compañero es castigado primero por sus propios pecados, como está dicho: «Sarai le dijo a Abraham: "¡Esta afrenta contra mí es por tu culpa! Yo te entregué a mi sirvienta, y ahora que ella ve que ha concebido, me menosprecia. ¡Que El Eterno juzgue entre tú y yo!» (Génesis 16:5). Y más adelante está escrito: «Y Abraham vino a panegirizar a Sara y a llorarla» (Génesis 23:3). Ya que ella falleció muchos años antes que el patriarca (Talmud tratado de Rosh Hashaná 16b).

## CONFUSIÓN MENTAL

Cuando una persona está confundida mentalmente, ha de recitar con asiduidad la plegaria de Habacuc (o sea, el, capítulo III del libro de Habacuc) (Refua Vejaim).

## ACTITUD POSITIVA

Hay que actuar y pensar en positivo, y no mostrar sufrimientos innecesariamente, ni exagerar la situación que se atraviesa. Pues hay un pacto que fue establecido con los labios, y ya ha sido advertido que no se debe abrir la boca –para invocar– al ente maligno, a Satán *(véase* Talmud, tratado de Berajot 19a). Considérese que en el libro Sefer Jasidim está escrito: había un hombre que decía: «¡Dadme, pues soy pobre!». Y las personas decían que no necesitaba pedir, pues él tenía recursos. El hombre simuló estar enfermo, y pidió al sabio –de la congregación– que lo bendijera para que sanase. El sabio dijo: «Ya que él dijo que está enfermo y necesita sanar, que así sea». Y no pasaron muchos días, hasta que fue flagelado con grandes malestares. Hay que considerar lo que los sabios enseñaron: «Quien no necesita –pedir– a las personas, y toma de ellos caridad, no se irá del mundo hasta que necesite –pedir de ellos verdaderamente–» (Talmud, tratado de Ketuvot 67a; Refua Vejaim).

## HALLAZGO DE PAREJA

Quien tiene dificultad para encontrar pareja ha de leer con concentración el fragmento de la Torá correspondiente a la partición del Mar que se encuentra en Éxodo XV. También ha de leer el fragmento de la Torá correspondiente al orden de las ofrendas presentadas por los príncipes de las tribus, que consta en Números VII (Refua Vejaim).

## MAL DE OJO

La especie vegetal denominada ruda sirve para combatir el mal de ojo y para anular las brujerías.

En la Mishná (tratado de Kilaim 1:8), se menciona esta especie vegetal por el nombre *peigam,* que se escribe mediante las letras hebreas *pe-iud-guimel-mem.* Y los sabios cabalistas han enseñado que la letra *iud* está vinculada con el pensamiento, y está asociada a un grado supremo de lo Alto. Y en el nombre de la ruda, *peigam,* la letra *iud* está en el medio de las letras *pe-guimel-mem,* que forman la palabra *pgam,* que significa «daño». Es decir, la letra *iud* está en el medio del daño –*pgam*–, para anular el efecto del Otro Lado, que es el lado dañino.

Además, la ruda sirve para combatir una epidemia. Y el sabio cabalista Jacob Ninio mencionó que en la Mishná está escrito *hapeigam* (el prefijo *ha* corresponde al artículo «la», y *peigam,* es el nombre de la ruda). Y esta palabra tiene las mismas letras que la expresión *maguefá,* que significa «epidemia» (Refua Vejaim).

Además la ruda es apropiada para neutralizar el veneno de víbora. Y la gallina, cuando enfrenta a una víbora, come ruda (Midrash Talpiot; Refua Vejaim).

Otro consejo: para combatir el mal de ojo, es recomendable llevar un trozo de plata, u otro metal, con forma de letra hebrea *he* (Ialkut Reubení: vaijí; Maré Haieladim; Segulot Israel).

Otra recomendación: para combatir el mal de ojo, se recomienda pronunciar tres veces este versículo: «Y yo oro a ti, El Eterno, en momento de –buena– voluntad; Dios, por la abundancia de tu bondad, respóndeme, por la verdad de tu salvación» (Salmos 69:14).

Y después debe decirse: «Amo del mundo: por medio de todos los Nombres que surgen del versículo que declara –en el lenguaje original, en hebreo–: "Y yo por la abundancia de tu bondad entraré en tu casa; me prosternaré hacia tu santo templo en tu temor" (Salmos 5:8), y por los –Nombres– que surgen de las letras iniciales de las palabras que lo conforman, y de las letras finales de las palabras que lo conforman, y de las letras del medio de las palabras que lo conforman, quita el mal de ojo de Mengano, hijo de Zutano.

Y que sea Tu voluntad considerar como si me hubiese concentrado en todos los misterios en los que se concentró el santo sabio talmudista Rav Huna» (Segulot Israel en nombre de Rabí Menajem; *véase* Sefer Amasé Karnaim: *Maamar* 10).

Ahora bien, quien no sabe concentrarse en estos misterios, de todos modos ha de pronunciar cuarenta veces –en el lenguaje original hebreo– el versículo que declara: «Y yo oro a ti, El Eterno, en momento de –buena– voluntad; Dios, por la abundancia de tu bondad, respóndeme, por la verdad de tu salvación» (Salmos 69:14).

Y, como el versículo está compuesto de 10 palabras, en total se habrán pronunciado 400.

A través de eso, se anula el mal de ojo, pues la expresión *ra ain*, que significa «mal de ojo», tiene un valor numérico igual a 400.

| ר | = | 200 |
|---|---|-----|
| ע | = | 70 |
| ע | = | 70 |
| י | = | 10 |
| ן | = | 50 |
| | | 400 |

Y después debe decirse: «Amo del mundo: por medio de todos los Nombres que surgen del versículo que declara –en el lenguaje original, en hebreo–: "Y yo por la abundancia de tu bondad entraré en tu casa; me prosternaré hacia tu santo templo en tu temor" (Salmos 5:8), y por los –Nombres– que surgen de las letras iniciales de las palabras que lo conforman, y de las letras finales de las palabras que lo conforman, y de las letras del medio de las palabras que lo conforman, quita el mal de ojo de mengano hijo de zutano. Y que sea Tu voluntad considerar como si me hubiese concentrado en todos los misterios en los que se concentró el santo sabio talmudista Rav Huna» (Reguel Ieshara).

## COMBATIR EL MIEDO

Para combatir el miedo, es propicio estudiar Torá estando sentado junto a la mesa –donde se come– (Likutei Moharán; Refua Vejaim). Para quitar el miedo y el terror de un niño, es recomendable colgarle un diente de lobo (Midrash Talpiot: *Baalei Jaim; Refua Vejaim*).

# Celos

Cuando el marido siente celos de su mujer, para quitárselos, es recomendable coger un huevo que fue puesto por la gallina en el día quinto de la semana –jueves–. Se debe cocer entero, con la cáscara, en aguas que fueron tomadas de siete fuentes de agua. Después se ha de sacar el huevo y ocultarlo en la tierra, en un lugar que el marido no sepa. Y las aguas de la cocción han de ser colocadas en la comida que comerá el marido solamente (Refua Vejaim).

## Anulación del odio

Para anular el odio de una persona, es recomendable leer el Salmo 71 (Refua Vejaim).

## Modificación del nombre

Cuando a una persona enferma de sexo femenino se le modifica el nombre, no se le deben poner estos nombres: Rajel, Bat Sheva, Tamar, o Lea. Deben elegirse nombres como estos: Jana, Sara, Iojeved (Dbash Lefi; Likutei Gurei Ari, Refuta Vejaim).

## Miedo nocturno

Para protección de los entes dañadores, como así de los enemigos, y del miedo nocturno, ha de pronunciarse el versículo: «Israel su padre les dijo: si así debe ser, entonces haced lo siguiente: tomad de lo más preciado de la Tierra en vuestro bagaje y llevádselo al hombre como tributo: un poco de bálsamo —*tzori*—, un poco de miel —*dbash*—, cera —*nejot*—, loto —*lot*—, maníes —*botnim*— y almendras —*shekedim*—» (Génesis 43:11). Y debe concentrarse en el nombre sagrado que surge de las letras iniciales de las especies mencionadas. Ese nombre está formado por las letras hebreas: *tzadi, dalet, nun, lamed, bet, shin* (Refua Vejaim).

## ANGUSTIA

Los dátiles son buenos para combatir la angustia (Sefer Hamidot Refua Vejaim).

## DAÑOS Y ENEMIGOS

Para salvarse del odio de los enemigos, de los daños y los dañadores, es propicio recitar las bendiciones matutinas que constan en los libros de oraciones —*sidur*—; e inmediatamente después de recitarlas ha de pronunciarse tres veces este versículo: «Ningún hombre se enfrentará a vosotros; El Eterno, vuestro Dios, impondrá temor y miedo sobre toda la faz de la Tierra sobre la que piséis, tal como Él os dijo» (Deuteronomio 11:25) (Imalet Nafshó; Segulot Israel).

Otra recomendación: para salvarse de los enemigos es recomendable llevar en el zapato derecho una lengua de lobo. También es recomendable tomar con la mano sal, y recitar siete veces el Salmo 125. Después se ha de arrojar la sal contra los enemigos, o entre ellos.

Para someter a bandidos o bestias salvajes, es recomendable decir tres veces este versículo: «El poder y la alabanza de Dios fue la salvación para mí» (Éxodo 15:2). Después se pronuncia este versículo: «Éste es mi Dios y yo le construiré un Santuario; el Dios de mi padre y yo lo exaltaré» (Ibíd.). A continuación se pronuncia este versículo: «El Eterno es el Amo de la guerra; su Nombre es El Eterno» (Éxodo 15:3). Y finalmente se pronuncia este otro versículo: «La paz sea sobre Israel» (Salmos 125:5) (Refuot y Segulot; Segulot Israel).

Otro consejo: al ver enemigos repentinamente, es recomendable recordar las letras: *alef-bet-iud*. Es un Nombre sagrado que surge de las letras iniciales de estos versículos: «Tú eres mi refugio; me guardarás de la angustia; con cánticos de liberación me rodearás por siempre» (Salmos 32:7). «Confiad en El Eterno perpetuamente, porque en Dios, El Eterno, está la fortaleza eterna» (Isaías 26:4). «El Eterno dará poder a su pueblo; El Eterno bendecirá a su pueblo con paz» (Salmos 29:11). Y si hay tiempo, es mejor lavarse las manos, mencionar los tres versículos citados, y después pronunciar el Nombre sagrado formado por las letras iniciales de los mismos: *alef-bet-iud* (Refuot y Segulot; Segulot Israel).

## ENEMIGOS

Cuando una persona va por el camino y se topa con enemigos, es propicio que mencione los versículos que fueron indicados por los sabios, contando cada palabra con los dedos de su mano, y comenzando por el dedo pulgar. De este modo, siempre el nombre de El Eterno será contado con el dedo índice. Pues el nombre de El Eterno está escrito en estos versículos con un intervalo de cinco palabras, o sea, la cantidad de dedos que hay en la mano.

Éstos son los versículos:

תורת יהוה תמימה משיבת נפש עדות יהוה נאמנה מחכימת פתי
פקודי יהוה ישרים משמחי לב מצות יהוה ברה מאירת עינים
יראת יהוה טהורה עומדת לעד משפטי יהוה אמת צדקו יחדו

Ésta es la traducción:

> «La Torá de El Eterno es íntegra, que reconforta el alma;
> el testimonio de El Eterno es fiel, que torna sabio al tonto.
> Los preceptos de El Eterno son rectos, que alegran el
> corazón; el precepto de El Eterno es puro, que alumbra
> los ojos. El temor de El Eterno es limpio, que permanece
> para siempre; los juicios de El Eterno son verdad, conjun-
> tamente justos» (Salmos 19:8-10).

Después de pronunciarse estos versículos, se ha de señalar con el
dedo índice en dirección del enemigo (Zijron Yakov Iosef; Sefer
Eretz Jaim).

## AMISTAD

La persona que desea obtener el amor de quien lo aborrece, ha
de escribir su nombre en un pan, y darle a la persona que uno
desea transformar su odio en amor para que coma del mismo
(Segulot Israel).

## AMOR Y GRACIA

Colgándose el ojo derecho de una loba en el cuello, se atrae el
amor de las personas. También sirve para espantar los malos espíritus y los dañadores (Maré Haieladim; Segulot Israel).

## Salud

No se debe comer cuando uno se encuentra angustiado o irritado, sino cuando se encuentre medianamente alegre (Sefer Keter Torá).

Asimismo para cuidar la salud corporal y mental, es correcto comer en la comida de la noche menos que en la comida del mediodía (Segulot Israel).

## Apartar a los entes dañinos

Para apartar a los entes dañinos es recomendable que la persona se habitúe a decir siempre: «Si Dios quiere».

Esa recomendación está fundamentada en el versículo que declara: «Según la palabra de El Eterno acampaban y según la palabra de El Eterno se desplazaban» (Números 9:20).

Y si se ha sufrido una pérdida o un hecho desafortunado, ha de decirse: «Esto proviene de El Eterno». A través de eso apartará de él los entes impuros denominados *jitzonim* (Segulot Israel).

## La atracción de las bondades

Cuando fue decretado que sobrevenga a la persona una bondad, es necesario que le sobrevenga previamente una prueba o una aflicción –pues este mundo es el mundo de la elección, y hay libre albedrío, estando todo en equilibrio–. Y, si la persona recibe la aflicción con amor, habrá pasado la prueba, entonces le sobrevendrá la gran bondad que estaba preparada para él del flanco de la santidad.

En ciertas ocasiones, El Santo, Bendito Sea, aliviana a la persona lo que le tendría que sobrevenir antes de la gran bondad, y en vez de enviarle una aflicción severa, como una enfermedad, le manda algo más leve, como una humillación. Es decir, vienen hombres viles y lo humillan sin razón. Y la persona debe ser cuidadosa en soportarlo y no responder a los ofensores, pues es una prueba de El Santo, Bendito Sea, para enviarle una gran bondad, si pasa la prueba y recibe con amor el envío de lo Alto (Zer Zahav; Segulot Israel bet).

## Mudanza auspiciosa

Éstos son los días del mes propicios para mudarse de casa y que la morada sea auspiciosa: 2, 4, 9, 10, 11, 15, 16, 19, 20, 21, 27, 29. En tanto que los días 1, 3 y 5, son malos para mudarse. Y los demás días que no fueron mencionados no son buenos ni malos para mudarse. Estas fechas corresponden a los meses lunares, de acuerdo con el calendario hebreo (Segulot Israel; Sefer Jasidim).

Cuando se entra en la nueva casa es recomendable decir este versículo: «Bendito serás cuando entres –baruj atá beboeja– y bendito serás cuando salgas» (Deuteronomio 28:6). Y debe concentrarse en las primeras letras de las palabras baruj atá beboeja, o sea, en las letras: bet, alef, bet, que conforman un Nombre sagrado muy propicio para atraer el éxito.

Además es propicio pronunciar el versículo que declara: «El Eterno estuvo con José, y lo dotó de carisma e hizo que hallara gracia a los ojos del guardián de la prisión» (Génesis 39:21). A continuación se dice: «Y David se comportaba inteligentemente en todos sus asuntos, y El Eterno estaba con él» (I Samuel 18:14).

Después se recita la oración denominada *vaihi noam:* «La complacencia de El Eterno nuestro Dios esté sobre nosotros; Él disponga la labor de nuestras manos para nosotros; y fortalezca la obra de nuestras manos» (Salmos 90:17). «El que reside –confiado– con el amparo del Altísimo morará a la sombra del Todopoderoso. Diré por El Eterno, que Él es mi refugio y mi fortaleza; mi Dios en Quien confío. Pues Él te salvará de la trampa de quien pone tropiezo, de la peste exterminadora. Él te cubrirá con sus alas, y bajo sus alas hallarás refugio; la verdad de Él es escudo y armadura. No temerás del miedo de la noche, ni de la flecha que vuela de día. Tampoco de los dañadores que andan en las tinieblas, ni de los dañadores que arrasan al mediodía. Aunque caigan mil –dañadores– a tu izquierda, y diez mil a tu diestra, no se acercarán a ti. Sólo los mirarás con tus ojos, y verás la desgracia de los malvados. Pues tú has dicho: "El Eterno es mi refugio", y has hecho del Altísimo tu amparo. Por tanto, no te sucederá ningún mal y ningún flagelo se acercará a tu tienda. Pues Él ordenará a sus ángeles para cuidarte en todos tus caminos. Ellos te llevarán sobre sus palmas, para que tu pie no se golpee con una piedra. Pisarás al león y a la víbora; hollarás al cachorro de león y al reptil. Pues a Mí me desea –dice El Eterno–, y Yo lo salvaré; lo fortaleceré porque conoce mi Nombre. Me llamará, y Yo le responderé; estaré con él en la aflicción, lo salvaré y lo honraré. Lo saciaré de larga vida y le mostraré mi salvación» (Salmos, capítulo 91).

A continuación se recita la oración denominada *ana becoaj:* «Por favor, con el gran poder de tu diestra, libera al prisionero. Acepta la deprecación de tu pueblo; Venerado, fortalécenos, purifícanos. Por favor, Poderoso, guarda como la niña del ojo a quienes buscan tu unicidad. Bendícelos, purifícalos; otórgales la misericordia de tu justicia por siempre. Protector, Santo, guía a tu congregación con tu gran bondad. Único y Altivo, vuélvete hacia tu pueblo, los que recuerdan tu santidad. Acepta nuestro ruego y escucha nuestro clamor, Tú, El conocedor de los secretos recónditos. Bendito sea el nombre de la gloria de Su reino por siempre jamás».

Seguidamente se recita el versículo que declara: «He aquí que estábamos atando gavillas en medio del campo cuando he aquí que mi gavilla se levantó y estaba derecha; y he aquí que vuestras gavillas se reunieron alrededor y se inclinaron ante mi gavilla» (Génesis 37:7).

Posteriormente se recita esta plegaria: «Sea la voluntad delante de Ti, El Eterno, Dios nuestro y Dios de nuestros padres, Rey Clemente y Compasivo, que te colmes de misericordia por nosotros. Y merced a tu gran misericordia, y en mérito de tus Nombres sagrados que surgen de estos versículos, haz que tengamos éxito, y toda nuestra simiente, en esta casa, tanto en lo genérico como en lo específico. Y que seamos todos exitosos y bendecidos con todo, y de todo. Y sálvanos del mal de ojo, y de todo pecado, y enfermedad, y de toda aflicción. Y que sean nuestras casas en todo lugar, casas llenas de todo bien, exitosas y bendecidas para nosotros y nuestra simiente. Que así sea por siempre».

Y se recitan estos versículos: «Esté Tu bondad, El Eterno, sobre nosotros, así como hemos depositado nuestra esperanza en Ti» (Salmos 33:22). «Muéstranos, El Eterno, tu bondad, y otórganos tu salvación» (Salmos 85:8). «Y yo en tu bondad he confiado; mi corazón se alegrará en tu salvación» (Salmos 13:6). «He aquí Dios es mi salvación; confiaré y no temeré; porque mi fortaleza y mi canción es Dios, El Eterno, que ha sido salvación para mí» (Isaías 12:2).

Asimismo debe darse caridad, y concentrarse en que la casa será exitosa en todo (Likutei Tzvi; Sefer Imtzá Jaim; Segulot Israel).

## BENDICIÓN

Para que la bendición se encuentre en el hogar, el hombre debe ser cuidadoso en honrar a su mujer, como está escrito: «Y el Faraón trató bien a Abraham gracias a ella y él obtuvo ovejas, ganado vacuno, burros, esclavos y esclavas, burras y camellos» (Génesis 12:16). Y, además, el marido debe ser cuidadoso de no hacerla sufrir (Talmud, tratado de Babá Metzía 59a) (Segulot Israel).

## PREOCUPACIONES Y ANGUSTIA

Para combatir la angustia y atraer la alegría, es propicio recitar las bendiciones matutinas que constan en los libros de oraciones –*sidur*–; e inmediatamente después de recitarlas pronunciar, sin hablar ninguna otra cosa en el medio, tres veces esta frase: «Mijael el gran sacerdote, ministro y tutor de Israel» (Imalet Nafshó; Segulot Israel). Otra recomendación: para combatir la angustia y atraer la alegría, es recomendable tomar flores de romero y atarlas en el brazo derecho (Refua Vejaim; Segulot Israel).

## MALOS PENSAMIENTOS

Para salvarse de malos pensamientos e ideas aciagas, es propicio estudiar todos los días el cántico de la sección Azinu (es decir, el capítulo XXXII de Deuteronomio) (Sefer Igra Depirka; Segulot Israel).

Otro buen consejo para salvarse de los malos pensamientos es que la persona se figure ante él el aspecto del rostro de su padre. Eso provocará que se genere energía de santidad que ayudará a salvarse del mal instinto y cualquier deseo mundano pernicioso (Deguel Majané Efraim; Zijron Yakov Iosef).

Otra recomendación: para apartar los malos pensamientos es propicio recitar estos versículos: «Y creó Dios a los grandes animales marinos, y a todo ser viviente que se mueve, que las aguas produjeron según su especie, y a toda ave alada según su especie; y vio Dios que era bueno» (Génesis 1:21). «Apartaos de mí, perversos, pues yo guardaré los mandamientos de mi Dios» (Salmos 119:115). «No dejes que se incline mi corazón a algo malo, a hacer obras impías, con los que hacen iniquidad; y no coma yo de sus deleites» (Salmos 141:4) (Refua Vejaim; Segulot Israel).

## ELIMINAR LOS MALOS PENSAMIENTOS

El gran sabio Shl"a, escribió: he hallado un manuscrito del gran maestro Moisés Kordovero, de bendita memoria, en el que estaba escrito: un anciano me enseñó que para anular un pensamiento –inapropiado–, se ha de decir varias veces este versículo: «Un fuego permanente se mantendrá encendido sobre el Altar; no se apagará» (Levítico 6:6). Y yo creo –dijo el gran sabio Shl"a– que ese anciano era el profeta Elías, que sea recordado para bien. Pero merced a su gran humildad, el maestro no lo quiso revelar. Por tal razón, cuando a una persona le sobrevienen pensamientos malos o vanos, debe recitar el versículo mencionado varias veces.

Asimismo, considero que es apropiado recitar también el versículo que declara: «Aborrezco a los hombres hipócritas; y amo tu Torá» (Salmos 119:113). Y debe ser pronunciado con gran alegría, y la persona será fuerte como un león (Shl"a Shaar Haotiot: *Ot Lamed;* Segulot Israel).

## ERRADICAR DESGRACIAS Y CONSEGUIR ÉXITO

Para salvarse de las desgracias y los infortunios, es propicio observarse la frente –reflejada– en el vaso de *havdalá,* después del recitado de esta ceremonia. (*Havdalá,* es el nombre de la oración que se recita sobre un vaso de vino para separar el día de Shabat de los demás días de la semana). También es propicio oler el aroma de la vela de *havdalá* después de la ceremonia –cuando la vela es de cera–, pues a través de eso se ahuyenta a los malos espíritus (Sefer Zejirá; Segulot Israel).

Además, la ceremonia de *havdalá* trae bendición, como está escrito en el libro Pirkei de Rabí Eliezer: dijo Rabí Tzadok: todo el que no realiza la ceremonia de *havdalá* sobre un vaso de vino, o no escucha de quien la recita, cuando culmina el Shabat, no ve jamás señal de bendición. Pero todo el que realiza la ceremonia de *havdalá* sobre un vaso de vino, o escucha de quien la recita, El Santo, Bendito Sea, lo llama «santo», y lo convierte en un tesoro preciado. Como está escrito: «Seréis para mí un reino de sacerdotes y una nación santa» (Éxodo 19:6). Y está escrito: «Pues Yo soy El Eterno, vuestro Dios: os santificaréis y seréis santos, pues Yo soy Santo» (Levítico 11:44) (Segulot Israel).

Asimismo, la ceremonia de *havdalá* es determinante para el éxito en todos los emprendimientos y las actividades de la persona durante toda la semana (Segulot Israel).

## EL PROCEDIMIENTO DE LA CEREMONIA

Debido a la gran importancia de la ceremonia de *havdalá,* veremos su procedimiento y también una explicación mística:

La ceremonia denominada *havdalá* se realiza cuando culmina el Día de Reposo –Shabat–. A través de la misma se separa la santidad del Shabat de los demás días de la semana.

Este precepto está indicado en la Biblia, como está escrito: «Recuerda el día de Shabat, para santificarlo» (Éxodo 20:8). El recordatorio que se indica debe realizarse en los momentos trascendentales, cuando se produce la entrada del Shabat, y también cuando sale, mencionando palabras apropiadas de santificación. En su entrada recitando la santificación del Día, denominada *kidush;* y en su salida, mediante la ceremonia de separación denominada *havdalá* (Maimónides, leyes de Shabat 29:1).

Los sabios establecieron que la santificación del Día –*kidush*– sea recitada sobre una copa de vino, y que la ceremonia de separación denominada *havdalá* también sea recitada sobre una copa de vino.

## EL PROCEDIMIENTO DE *HAVDALÁ*

Para realizar la ceremonia de *havdalá* se llena una copa de vino, se la alza, sosteniéndola con la mano derecha, y se recita la bendición: «Bendito eres Tú, El Eterno, Dios nuestro, Rey del universo, creador del fruto de la vid».

A continuación se toman hierbas aromáticas para olerlas y reconfortar al alma después de la salida de la santidad del Shabat. Para disfrutar de ese aroma se recita la bendición correspondiente. Numerosas comunidades –de origen ashkenazí– acostumbran a recitar la bendición general para tener provecho de cualquier tipo de aroma agradable: «Bendito eres Tú, El Eterno, Dios nuestro, Rey del universo, creador de las especies aromáticas». En este caso se procede de este modo porque muchos no son expertos en distinguir las distintas especies aromáticas, entonces no sabrán si provienen de un árbol o crecen directamente en la tierra como una hierba. Y, como hay diferencia en las bendiciones, para evitar errores se decretó que para la ceremonia de *havdalá* se recite la bendición general. Aunque hay muchas otras comunidades –sefarditas– en las que sus miembros sí son expertos en diferenciar entre las especies y recitan una bendición específica de acuerdo con el producto que olerán.

Si se trata de una hierba aromática, recitan la bendición: «Bendito eres Tú, El Eterno, Dios nuestro, Rey del universo, creador de las hierbas aromáticas». Si se trata de una rama de árbol, u hojas de árbol, recitan la bendición: «Bendito eres Tú, El Eterno, Dios nuestro, Rey del universo, creador de los árboles aromáticos». Si se trata de una fruta, recitan la bendición: «Bendito eres Tú, El Eterno, Dios nuestro, Rey del universo, que otorga buen aroma a las frutas».

A posteriori, se procede a rememorar el descubrimiento del fuego. Ya que este hecho ocurrió tras la culminación del primer Shabat que existió desde la creación del mundo, cuando Adán, el primer hombre, frotó dos piedras y produjo fuego por primera vez.

Para llevar a cabo este ritual se ha de encender una vela de al menos dos mechas; o de no ser posible, se tomarán dos astillas de madera, que se encenderán y juntarán para que sus llamas se unifiquen y produzcan abundante luz.

Asimismo se requiere que el fuego esté bien encendido e ilumine correctamente. Es decir, si aún es necesario mantener la cerilla encendida junto a la mecha, quiere decir que el fuego aún no ilumina como es debido. Sólo se recitará la bendición en el momento en que el fuego se mantenga por sí solo, sin ayuda.

La causa de este requisito surge a partir del versículo que se refiere a la creación de la luz. Como está escrito: «Dios vio que la luz era buena» (Génesis 1:4), y a continuación está escrito: «y Dios separó la luz de la oscuridad» (Ibíd.). O sea, en primer orden consta que la luz era buena, y a posteriori, se cita la acción llevada a cabo con la misma, en este caso, su separación. Sin embargo, respecto a las otras creaciones, el orden es inverso, se describe el acto llevado a cabo, y a posteriori se manifiesta: «Vio El Eterno que era bueno».

Esta diferencia existente entre los versículos que describen la creación del mundo llamó la atención de Rabí Zeira, el hijo de Rabí Abahu, quien disertó en Kesarin sobre este tema. El sabio inició su conferencia planteando una pregunta: ¿De dónde se sabe que no se recita la bendición sobre una vela durante la ceremonia de separación –*havdalá*– hasta que el fuego de la misma esté encendido a tal punto que ilumine y permita tener provecho de la luz que proporciona? La respuesta surge del versículo que se refiere a la creación de la luz, como está escrito: «Dios vio que la luz era buena» (Génesis 1:4), y a posteriori: «y Dios separó –*vaiavdel*– la luz de la oscuridad». Es decir, cuando El Eterno vio que la luz era buena, propicia para iluminar, entonces realizó la separación. Se aprende de aquí que hay que aguardar a que la luz de la vela sea propicia para iluminar antes de pronunciar la bendición por el fuego en la ceremonia de *havdalá* (Midrash Bereshit Raba 2:5).

Entonces se recita la bendición: «Bendito eres Tú, El Eterno, Dios nuestro, Rey del universo, creador de las irradiaciones luminosas del fuego».

## OBSERVAR A LA LUZ DEL FUEGO

Se acostumbra a observar las palmas de las manos y las uñas a la luz del fuego encendido para la ceremonia de *havdalá* (Shulján Aruj Oraj Jaim 298:3). La razón se debe a que hay que distinguir por medio de la luz de la vela encendida entre una moneda y otra. Por eso se acostumbra a observar las uñas, para comprobar que uno puede tener provecho de esa luz y reconocer entre una moneda y otra del mismo modo como distingue entre la uña y la carne.

Además, se observan las uñas porque son ellas señal de bendición, ya que se fructifican y reproducen permanentemente. Asimismo se observan las palmas de las manos, donde se encuentran las líneas de las mismas, en las cuales hay señal de bendición (Mishná Brurá).

En el apéndice de Rabí Moisés Iserlish se agrega que deben observarse las uñas de la mano derecha, mientras que con la mano izquierda se sostiene la copa de vino. Asimismo, deberán doblarse los dedos hacia adentro, hacia el interior de la palma de la mano, pues de este modo se verá a la misma vez las uñas y la palma (Ramá; II Zohar 208a).

Respecto a la forma de doblar los dedos, lo correcto es encorvar los cuatro dedos de la mano derecha sobre el pulgar, de modo que éste quede cubierto (Maguen Abraham en nombre de Shaar Hakavanot 60b).

Este procedimiento mencionado está basado en lo que se declara en el libro Zohar, donde se explica: después de la culminación del Shabat, la persona debe separar entre lo santo y lo mundano. ¿Por qué razón? Porque en ese momento, cuando se retira la santidad del Shabat, se otorga permiso a los ministros espirituales de lo bajo para ejercer dominio en el mundo. Y al recitar la bendición de separación entre lo santo –el Shabat–, y lo mundano –los demás días de la semana–, señalamos la unidad absoluta que reina en las Alturas donde existe santidad plena, sin que hubiere allí ningún vestigio de mal.

De este modo se separa entre los ministros espirituales del mundo inferior, de la unidad suprema absoluta. Y es necesario recitar la bendición: «Bendito eres Tú [...] creador de las irradiaciones luminosas del fuego», a la luz de este fuego, porque todos los demás fuegos, que provienen del atributo del rigor y del fuego del Infierno, fueron suprimidos y guardados en el día de Shabat, cada uno en el lugar que le corresponde, con excepción de un fuego proveniente de la santidad suprema. Este fuego se revela manifiestamente porque se atenúa invistiéndose en la santidad del Shabat, a través de la cual se reviste de misericordia. Y cuando este fuego se manifiesta en Shabat, todos los demás fuegos se ocultan de su presencia por la santidad del Shabat que se expande por todos los mundos espirituales.

Ya que el fuego se impregna de misericordia a través de la santidad del Shabat, endulzándose así su rigor, es necesario recitar la bendición «Bendito eres Tú, El Eterno [...] creador de las irradiaciones luminosas del fuego». Y es incorrecto que este fuego fuese de lo mundano, uno que hubiese sido encendido en los demás días de la semana –incluso en la víspera de Shabat–, sino que debe ser un fuego con el que no se hizo ninguna labor en Shabat. Y este fuego que se encenderá para la ceremonia de *havdalá* provendrá del fuego sagrado de lo Alto, que es un fuego que soporta al rigor del fuego y protege al mundo.

Entonces, este fuego que desciende de lo Alto se bendice con las emanaciones supremas –*sefirot*–, a raíz de la bendición que nosotros pronunciamos sobre el fuego en la Tierra. Pues el fuego supremo debe ser bendecido para que las fuerzas de su rigor se endulcen con misericordia antes de que salgan y otorguen poder a sus representantes y sus ministros espirituales.

A raíz de esta bendición, el rigor del fuego supremo se reviste de misericordia y la misericordia se manifiesta en el mundo. Consecuentemente, los demás fuegos salen de su lugar en el que estuvieron ocultos en el día de Shabat y se les encomienda a los ministros espirituales encargados de los mismos que cumplan su función en el lugar que les corresponde. Y se les otorga poder para iluminar y gobernar de acuerdo con la necesidad conductiva del mundo.

Asimismo, en el momento en que recitamos la bendición por el fuego en la Tierra, se presentan cuatro carruajes de cuatro ángeles celestiales imponentes. Ellos son: Uriel, Refael, Gabriel, Mijael y Nuriel. Uriel y Nuriel son dos nombres pertenecientes a un mismo ángel, y le corresponde uno u otro nombre de acuerdo con el nivel de su manifestación en el momento que sea requerido. Este grupo de cuatro ángeles se denomina a través de la sigla «Argamán». Y debajo de la jurisdicción de ellos hay cuatro campamentos de ángeles sagrados dispuestos a recibir la irradiación de la luz suprema y las bendiciones que provienen de lo Alto. Ellos son denominados «irradiaciones luminosas del fuego –*meorei haesh*–», porque reciben la iluminación proveniente del fuego de lo Alto, y están asociados al misterio intrínseco de los cuatro dedos de la mano derecha.

Por tal razón se deben encorvar los cuatro dedos de la mano derecha, para indicar que los ángeles se someten ante la Presencia Divina, la fuente de luz del mundo, y no poseen ningún tipo de poder sin su consentimiento. Por eso se debe iluminar a esos cuatro dedos frente a la luz de la vela de *havdalá,* que proviene del fuego de la Presencia Divina bendecido en lo Alto, surgiendo así que la conducción del mundo se lleva a cabo con misericordia. Y estos cuatro dedos que se colocan frente a la luz de la vela indican la irradiación de luminosidad correspondiente con los cuatro ángeles Argamán.

Entonces, ellos gobiernan según el poder de la luz de la vela de *havdalá* que ha sido bendecida en lo Alto. Pues se trata de niveles que se encuentran debajo del mundo supremo, por tal razón, cuando la persona enseña sus dedos frente a la luz de la vela, debe encorvarlos. De este modo indicará que la luz de la Divinidad ejerce dominio sobre los ángeles Argamán, y ellos iluminan de la luz de ella y reciben su luminosidad de ella, tal como la Luna se ilumina de la luz del Sol (II Zohar 208a).

## LA BENDICIÓN DE LA SEPARACIÓN

Después de recitarse la bendición por el fuego, se sostiene la copa de vino con la mano derecha y se recita esta bendición: «Bendito eres Tú, El Eterno, Dios nuestro, Rey del universo, que separa entre lo santo y lo mundano, entre la luz y la oscuridad, entre Israel y las naciones, entre el día séptimo y los demás días de labor. Bendito eres Tú, El Eterno, que separa entre lo Santo y lo mundano».

Después se bebe el vino, y con lo que quede en el fondo de la copa se apaga la vela. Además, se acostumbra a pasar por los ojos de ese vino por amor al precepto (Shuljánn Aruj: *Oraj Jaim* 296:1, Ram"a).

En Pirkei de Rabí Eliezer se explica la razón: después de que la persona bebe el vino, es correcto agregar un poco de agua a la copa de *havdalá,* y beberlo por amor al precepto. Y lo que quede del agua en la copa ha de pasarlo por los ojos. La razón se debe a lo que los sabios han enseñado: «los restos del precepto impiden el castigo» (Pirkei de Rabí Eliezer, capítulo XX).

## LADRONES

Para ahuyentar a los ladrones, es recomendable colocar debajo del umbral de la entrada de la casa una pata de liebre (Refuot y Segulot; Segulot Israel).

## DAÑADORES Y DAÑOS

Para evitar daños y dañadores, se recomienda llevar una piedra que se encuentra en la molleja de las gallinas. Esta piedra se asemeja al cristal. Y ha de tomarse la piedra de una gallina para una mujer, y de un gallo para un hombre. A través de eso evitará que otros puedan hacerle un daño (Refuot y Segulot; Segulot Israel).

## SALVACIÓN

Para salvación y protección, es propicio recitar estos versículos: «El Eterno, tu Dios, Él cruzará delante de ti; Él destruirá a estas naciones ante ti y tú las poseerás; Josué cruzará delante de ti, tal como dijo El Eterno» (Deuteronomio 31:3). «El Eterno me salvará; y cantaremos nuestros cánticos en la casa de El Eterno todos los días de nuestra vida» (Isaías 38:20). «El Eterno dará poder a su pueblo; El Eterno bendecirá a su pueblo con paz» (Salmos 29:11) (Midrash Talpiot; Segulot Israel).

## Riqueza

Para atraer el éxito y la riqueza, han de diezmarse todas las ganancias obtenidas. Como está escrito: «Cualquier diezmo del ganado vacuno o del rebaño, todo lo que pase bajo la vara, el décimo será santo para El Eterno» (Levítico 27:32).

El diezmo comprende los productos de la tierra de Israel y las ganancias en todo el mundo. Como está escrito: «A los hijos de Levi, he aquí que les he dado todos los diezmos de Israel por posesión a cambio del servicio que realizan [...] El levita realizará el servicio de la Tienda de la Reunión y ellos cargarán con su iniquidad, es un decreto eterno para vuestras generaciones. Y entre los Hijos de Israel no heredarán posesión. Pues el diezmo que los Hijos de Israel le separarán a El Eterno como una ofrenda se los he dado a los levitas por posesión. Por eso les dije: "Entre los Hijos de Israel no heredarán posesión"» (Números 18:21-24).

En tanto lo relacionado con el diezmo de dinero se aprende de este otro versículo: «Entonces, esta piedra que he colocado como pilar será la Casa de Dios y todo lo que me dieres ciertamente lo diezmaré para Ti» (Génesis 28:22) (Daat Zekenim Ibíd.).

## LOS BENEFICIOS DEL DIEZMO

Rabí le preguntó a Rabí Ishmael, el hijo de Rabí Iosei:

—Los acaudalados de la Tierra de Israel ¿cómo se hacen merecedores de esa condición?

El maestro respondió:

—Diezmando. Como está escrito: «Separarás el diezmo –*aser teaser*– de toda la cosecha de tu cultivo, lo que produce el campo, año tras año» (Deuteronomio 14:22).

La expresión *aser* significa «diezmarás», y a continuación está escrito: *teaser*, que significa lo mismo. ¿Cuál es la razón de esta aparente redundancia? La respuesta es ésta: la expresión *teaser* puede leerse también *teasher*, que significa «enriquecer». Resulta: «Diezmarás para enriquecer» *(véase* Talmud, tratado de Shabat 119a).

Hemos apreciado que diezmar los productos vegetales genera riqueza. Y ahora observaremos esto en relación con el diezmo del dinero. Este tema se esclarece en el tratado talmúdico de Taanit y en la exégesis de Tosafot. Allí consta esta enseñanza: Rabí Iojanán encontró al hijo de Reish Lakish. Le dijo:

—¡Dime el versículo que estás estudiando!

El niño le respondió:

—«Separarás el diezmo –*aser teaser*– de toda la cosecha de tu cultivo, lo que produce el campo, año tras año» (Deuteronomio 14:22).

Entonces el niño le preguntó a Rabí Iojanán:

—¿Por qué está escrito: *aser teaser*?

Rabí Iojanán le explicó:

—La expresión *teaser* se puede leer también *teasher*, que significa enriquecer. Por tanto, en el versículo se indica: «Diezmarás para enriquecer».

El niño le preguntó:

—¿De dónde lo aprendes?

Rabí Iojanán le dijo:

—¡Ve y prueba!

El niño le dijo:

—¿Acaso es permitido probar a El Santo, Bendito Sea? ¿Y esto que está escrito: «¡No probéis a El Eterno!» (Deuteronomio 6:16)?

Rabí Iojanán le explicó:

—Así dijo Rabí Oshaia: es prohibido probar a El Eterno con excepción de esto –el diezmo–. Como está escrito: «Traed todos los diezmos al alfolí y haya alimento en mi casa; y probadme ahora en esto, dice El Eterno de los ejércitos, si no os abriré las ventanas de los Cielos, y derramaré sobre vosotros bendición hasta que sobreabunde» (Malaquías 3:10) (Talmud, tratado de Taanit 9a).

Ahora observaremos la explicación que consta en la exégesis de Tosafot sobre esta cita: en el libro Sifrí se enseña acerca de este asunto: está escrito: «Separarás el diezmo –aser teaser– de toda la cosecha de tu cultivo, lo que produce el campo, año tras año» (Deuteronomio 14:22). Se aprende de aquí lo tocante a la obligación de diezmar los vegetales; pero lo concerniente al diezmo del dinero que se obtiene al realizar operaciones comerciales, o de otro modo, ¿de dónde se aprende? De lo que está escrito: «de toda». Pues se podría decir: «Separarás el diezmo de la cosecha de tu cultivo». ¿Para qué fue agregada la palabra «toda»? Para incluir lo concerniente a las ganancias que se obtienen al realizar operaciones comerciales, o de otro modo.

Asimismo, hallamos en el Midrash Hagadá esta enseñanza: está escrito: «Separarás el diezmo –aser teaser– de toda la cosecha de tu cultivo, lo que produce el campo, año tras año» (Deuteronomio 14:22). Se aprende de aquí que si no diezmas tu campo apropiadamente no tendrás sino «lo que produce el campo». Es decir, tu campo te producirá en proporción al diezmo que producía anteriormente y tú otorgabas en calidad de tal.

Es decir, ahora que te abstienes de otorgar el diezmo, tu campo te producirá sólo el equivalente al diezmo que otorgabas. Como esto que sucedió en la Tierra de Israel. Había un hombre muy adinerado que poseía un campo que le producía mil medidas *kur* cada año. El hombre separaba cien medidas *kur* y las otorgaba como diezmo de su cosecha. Así procedía cada año, y todos los días de su vida lo acompañaba la misma bendición y abundancia. Un día este hombre enfermó y estaba próximo a morir. Entonces llamó a su hijo y le dijo: «Hijo mío: has de saber que este campo que te dejo por herencia produce anualmente mil medidas *kur*. Has de ser cuidadoso en separar cada año cien medidas *kur* como yo he hecho durante toda mi vida». Y después de decir eso murió.

Tal como su padre le había dicho, el campo le produjo al joven mil medidas *kur*, y él separó cien medidas *kur* en calidad de diezmo. Al segundo año la producción fue la misma, pero el joven pensó que lo que entregaba como diezmo era una cantidad demasiado grande y pensó en no separarlo. Al año siguiente el campo le produjo solamente cien medidas *kur*.

El joven estaba afligido por lo que le había sucedido. Sus parientes escucharon la noticia y se enteraron de lo que le había ocurrido, y supieron que no había separado el diezmo. Todos fueron a visitarlo vestidos de blanco y estaban alegres. El joven les dijo:

—Creo que os burláis de mí a causa de mi desgracia.

Ellos le dijeron:

—Nos acongojamos de ti porque tú has provocado todo este mal. ¿Por qué no separaste apropiadamente el diezmo? Ven y observa: en un principio, cuando el campo llegó a tus manos, tú eras el propietario y Dios el sacerdote. Pues el diezmo era Su parte, para entregárselo a los pobres. Y ahora que tú no separaste Su parte, Dios se tornó el propietario del campo, y tú sacerdote, pues el campo ahora no te produce lo mismo que al principio, mil medidas *kur*, y Él ha apartado para ti cien. A esto se refiere lo que está escrito: «El Eterno habló a Moisés, diciendo: "Háblales a los Hijos de Israel: el hombre o la mujer que cometan cualquiera de los pecados del hombre, cometiendo un acto de expropiación contra El Eterno —*meilá*—, esa persona se hará culpable, confesará los pecados que cometió; restituirá su deuda, la cantidad original, primeramente, y le agregará su quinta parte, y se la dará a aquel a quien le debe. Si el hombre no tiene por redentor a un familiar al que pueda ser devuelta la deuda, la deuda que se devuelve es para El Eterno, para el sacerdote, además del carnero de expiación con el que procurará su expiación. Y toda porción de las cosas santas que sean traídas al sacerdote por los Hijos de Israel será suya. Las cosas santas del hombre serán del sacerdote, y lo que el hombre le da será suyo"» (Números 5:5-10).

Es decir, cuando no separa apropiadamente, no será para él sino lo consagrado, o lo que es lo mismo, el diezmo. Y sobre esto dijeron los sabios: el que retiene sus diezmos finalmente no poseerá sino un décimo. Como está escrito: «Un *jomer* de semilla producirá un *efá*» (Isaías 5:10). Es decir, el diezmo, pues un *efá* es una medida de volumen para sólidos igual a tres medidas *seá*, y un *jomer* es igual a treinta medidas *seá*. Es decir, un *efá* es un décimo de un *jomer*. Y está escrito: «Y diez yuntas de viña producirán un *bat*» (Ibíd.). Una yunta de viña representa el trabajo que se realiza con una yunta de toros en toda la jornada laboral. Y *bat* es una medida para líquidos igual a tres medidas *seá* (Tosafot).

## CASAMIENTO

Es un buen consejo y una buena señal que el novio se case con su prometida al comienzo del mes lunar, con la luna creciente (Shulján Aruj Ioré Deá 179:2).

## ENCUENTRO CON UN MANDATARIO

Quien debe encontrarse con un mandatario gubernamental, es apropiado decir antes de estar frente a él, diecisiete veces: «Amatlai bat Karnebó» –es el nombre de la madre del patriarca Abraham–. Y además es aconsejable decir: «Torre fuerte es el Nombre de El Eterno; a Él correrá el justo y será salvado» (Proverbios 18:10).

La expresión «a Él correrá», en el texto original hebreo, está escrita así:

בו ירוץ

Es necesario concentrarse en eso, y en el valor numérico de esta expresión, que es igual al valor numérico del nombre de El Santo, Bendito Sea: «Shadai».

Además, las letras del Nombre Shadai son las iniciales de: «*Shomer derej Hashem*», que significa «Protege el camino, El Eterno» (Avodat Hakodesh; Segulot Israel).

El Nombre de El Santo, Bendito Sea, «Shadai», en el original hebreo se escribe así:

שדי

«Protege el camino, El Eterno –*Shomer derej Hashem*–», en el original hebreo se escribe así:

שומר
דרך
 י-ה-ו-ה

## ENCUENTRO CON UN MANDATARIO POR NECESIDAD DE LA COMUNIDAD

Si una persona debe encontrarse con un mandatario gubernamental por necesidad de la comunidad, es propicio que se concentre en que se ocupa del asunto en el Nombre del Omnipresente.

Asimismo, ha de recordar el mérito de los patriarcas: Abraham era hombre de bondad y estaba aferrado a la emanación cósmica denominada Jesed; Isaac era hombre ceñido de rigor y estaba aferrado a la emanación cósmica denominada Guevurá; Jacob estaba completo con los dos atributos de sus antecesores, y estaba aferrado a la emanación cósmica denominada Tiferet. Moisés estaba aferrado a la emanación cósmica denominada Netzaj; Aharón estaba aferrado a la emanación cósmica denominada Hod; José estaba aferrado a la emanación cósmica denominada Iesod; y David estaba aferrado a la emanación cósmica denominada Maljut (Avodat Hakodesh; Segulot Israel).

## ÉXITO Y SALVACIÓN DE AFLICCIONES

Para alcanzar el éxito y salvarse de las aflicciones, es aconsejable pronunciar todos los días estos Salmos: 6, 7, 8, 13, 28, 38, 57, 65, 69 (Refua Vejaim; Segulot Israel).

## RECETA PARA MADRUGAR

Quien desea madrugar y despertarse en un momento determinado, es aconsejable que pronuncie este versículo al derecho y al revés, siete veces: «Despierta, alma mía; despierta, salterio y arpa; despertaré a la mañana» (Salmos 57:9). Y cada vez debe recordar ese momento en el que desea despertarse. Y también es correcto decir en lengua extranjera –otra lengua que no sea el hebreo– la hora a la que desea levantarse. Y debe decir: «Si Dios quiere». Después ha de decir siete veces este versículo, al derecho y al revés: «Te guiarán al andar; cuando duermas te cuidarán; serán tu hablar cuando despiertes» (Proverbios 6:22) (Sefer Zejirá; Sefer Ieshará; Segulot Israel).

## PROTECCIÓN SUPREMA

El versículo: «Sea el deleite de El Señor, nuestro Dios, sobre nosotros, y la obra de nuestras manos valida sobre nosotros; y la obra de nuestras manos valida» (Salmos 90:17), es el último versículo del Salmo 90 y está vinculado con el Salmo siguiente, que es el Salmo 91.

En este Salmo no hay ninguna letra *zain* –en el original hebreo–. Y el nombre de la letra *zain* significa «armamento». Quiere decir que quien pronuncie este versículo mencionado (Salmos 89:17) y el Salmo 91 estará protegido y no necesitará de armamento (Abudraham; Segulot Israel).

## MEMORIA

En el libro Tiferet Israel se mencionan estas recomendaciones para memorizar lo estudiado:

No debe estudiarse de modo efímero, con pereza corporal, o fugacidad mental, sino en forma fija. Con pereza corporal, por ejemplo, estando acostado, o sentado en la cama boca arriba, o con la mano sobre la frente –apoyando la frente sobre la mano–, pues trae sueño *(véase* Talmud, tratado de Pesajim 112a). Todas estas acciones adormecen el pensamiento e impiden comprender apropiadamente lo leído. Y tampoco debe estudiarse y comer simultáneamente, ni realizarse labor alguna mientras se estudia.

Con fugacidad mental, por ejemplo, pensando en otras cosas mientras se estudia; pues la dispersión mental limita la capacidad de aprehensión y comprensión, y la memorización de lo estudiado. Por eso es apropiado estudiar pronunciando con la boca las palabras leídas, ya que así se esparcirán los otros asuntos. Asimismo, a través de emitir con la boca las palabras leídas, el estudio se marca mejor en el alma; y también es útil para la memorización del asunto. Al respecto se enseñó en el Talmud: «Ese alumno que estudiaba silenciosamente después de tres años olvidó lo que había estudiado» (Tratado de Eirubin 54).

Además, otro asunto que perjudica la memorización de lo estudiado son los pensamientos vinculados con las angustias. Tal como enseñaron los sabios, de bendita memoria: «El pensamiento angustioso afecta incluso a las palabras de Torá» (Tratado de Sanhedrín 26b). Y el exegeta Rashi explicó esta enseñanza talmúdica revelando: «la angustia hace olvidar el estudio». O sea, debe estudiarse en forma fija, y no efímera, y orar a El Santo, Bendito Sea, para que ayude a entender y memorizar lo que se estudia (véase Tratado de Eirubin 65).

Para estudiar en forma fija como corresponde, se requiere también sosiego, y no hacerlo donde muchos hablan a la vez, o hay allí ruidos molestos; pues eso es perjudicial para la comprensión del asunto y su memorización. Por tanto, es propicio estudiar en una sala confortable, con muchas ventanas, y de un libro bello, impreso con letras agradables a la vista *(véase* Talmud, tratado de Pesajim 112). Pues esto proporciona placidez y alegría al alma, y amplía la capacidad de comprensión de la persona.

Asimismo, estudiar en forma fija requiere continuidad. Pues si se estudia un breve fragmento y se interrumpe, y después se estudia otro poco y se vuelve a interrumpir, provocará que lo aprendido sea olvidado. Del mismo modo, no es correcto estudiar múltiples asuntos en un mismo día, saltando de tema en tema; pues cada tema requiere un tiempo de asentamiento. Como fue enseñado en el Talmud: «El que hace su Torá paquetes, paquetes, disminuye –su estudio–» *(véase* Talmud, tratado de Eirubin 54). Pues cada pensamiento desplaza al otro, y al mezclarse ambos se destruirán. Por tal razón, no es apropiado pasar de un libro impreso con un tipo de letra a otro que tenga una impresión diferente. Tampoco es conveniente ir de sala en sala, o incluso de lugar en lugar dentro de la misma sala. Y es fructuoso respetar los tiempos designados para el estudio de cada asunto y no modificarlos. Pues cada orden apropiado fortalece el poder de la memoria, en tanto que los cambios lo debilitan.

El estudio en forma fija requiere además fijación y esclarecimiento. Es decir, no se debe abandonar el asunto hasta sentir que está fijado y esclarecido absolutamente. Y, cuando se logre ese grado, se deberá repetir de memoria, hasta que fluya de la boca sin necesidad de observar el libro. Después de dos semanas, ha de volverse a repetir el asunto, para ver si aún se lo recuerda completamente o en forma parcial. Y, si es necesario, ha de observarse nuevamente en el libro lo que se ha olvidado, y se volverá a repetir el asunto de memoria. Pues la memoria requiere adiestramiento, siendo la edad de la niñez la más propicia para desarrollar esa facultad. Por eso es recomendable acostumbrar al niño para que repita de memoria lo que estudió.

Y una persona adulta que desea disertar en público, es propicio que repita varias veces por la noche, antes de irse a dormir, el asunto que desea exponer, concentrándose en el mismo. Así se irá a dormir con el asunto y evitará que otros pensamientos lo invadan y lo desvíen del tema. Y, por la mañana, inmediatamente después de levantarse, deberá repetir algunas veces el asunto. Así será como si estuviera escrito sobre un papel nuevo, que no borra rápidamente (Segulot Israel).

Otra sugerencia: cuatro cosas son buenas para la memoria: pan a la brasa, huevo pasado por agua sin sal, ingerir aceite de oliva con asiduidad, beber del agua sobrante –del amasado– de la masa (Talmud, tratado de Oraiot 13b).

## GRACIA Y BONDAD

Para hallar gracia y bondad, se recomienda recitar estos versículos después de la plegaria matutina: «Prestad oídos, Cielos, y hablaré; y que la Tierra oiga las palabras de mi boca. Que mi enseñanza caiga como la lluvia, que mi palabra fluya como el rocío; como vientos de tormenta sobre la vegetación y gotas de lluvia sobre las briznas de pasto. Cuando proclame el Nombre de El Eterno, adscribid grandeza a nuestro Dios» (Deuteronomio 33:1-3) (Avodat Hakodesh).

## PROPENSIÓN A LOS DELEITES CARNALES

Para evitar que el recién nacido tenga propensión a los deleites carnales cuando crezca, se lo debe colocar en ropa nueva después de nacer. Y, si se viste al varón con una ropa de mujer, o a la criatura de sexo femenino con ropa de hombre, tendrá propensión a los deleites carnales (Sefer Shemirat Hanefesh en nombre de Shl"a; Segulot Israel).

## DISCUSIONES

Cuando hay pleitos o discusiones en la casa, es propicio que en la noche del Shabat, cuando se recita el himno: «Bienvenidos, ángeles servidores –*Shalom aleijem, malajei hashalom* [...]», no se recite la última estrofa: «Salid en paz, ángeles de la paz [...]» (Segulot Israel).

## MOMENTO PROPICIO PARA ORAR

Cuando se circuncida a un niño, en el momento en que la criatura llora por el dolor que soporta, es apropiado orar a El Eterno.

Pues la voz de la criatura circuncidada asciende a lo Alto sin ser afectada por ninguna de las cortezas impuras denominadas *klipot*. A esto se refiere lo que está escrito: «Apartaos de mí, todos los hacedores de maldad; porque El Eterno ha oído la voz de mi llanto» (Salmos 6:9). Se refiere al llanto del niño circuncidado. Y a continuación está escrito: «El Eterno ha oído mi ruego; El Eterno ha recibido mi oración» (Salmos 6:10) (Zer Zahav; Segulot Israel).

## SUSTENTO

Para obtener buen sustento es recomendable recitar todos los días la sección del maná. Tal como dijo Rabeino Bejaie: «Los sabios recibieron por tradición que quien recita todos los días la sección del maná se le asegura que no soportará jamás la falta de alimento» (*véase* Rabeino Bejaie: *Parasha Beshalaj;* Segulot Israel).

Ésta es la sección del maná: «El Eterno le dijo a Moisés: "He aquí que haré llover pan para vosotros desde el Cielo; y los del pueblo saldrán y recogerán diariamente la porción de un día, para que Yo los pruebe —y se vea— si andan en mi ley —Torá— o no. Y en el sexto día, cuando preparen lo que traen, será el doble de lo que recogen diariamente".

Moisés y Aarón les dijeron a todos los Hijos de Israel: "Al anochecer, sabréis que El Eterno os sacó de la tierra de Egipto. Y a la mañana veréis la Gloria de El Eterno que ha oído vuestras quejas contra El Eterno; y nosotros ¿qué somos para que os quejéis contra nosotros?". Y Moisés dijo: "Al anochecer El Eterno os dará carne para comer, y a la mañana pan hasta saciaros; pues El Eterno oirá vuestras quejas con que os quejáis contra Él; y nosotros, ¿qué somos? Vuestras quejas no son contra nosotros, sino contra El Eterno".

Moisés le dijo a Aarón: "Dile a toda la asamblea de los Hijos de Israel: 'Aproximaos delante de El Eterno, pues Él ha oído vuestras quejas'".

Cuando Aarón habló ante toda la asamblea de los Hijos de Israel, miraron hacia el desierto, y he aquí la Gloria de El Eterno apareció en la nube.

Y El Eterno le habló a Moisés, diciendo: "He oído las quejas de los Hijos de Israel. Háblales, diciendo: 'Al caer la tarde comeréis carne, y a la mañana os saciaréis con pan, y sabréis que Yo soy El Eterno vuestro Dios'".

Y sucedió al atardecer que las aves –slav– subieron y cubrieron el campamento, y a la mañana había una capa de rocío alrededor del campamento. La capa de rocío ascendió y he aquí que sobre la superficie del desierto había algo delgado como la escarcha sobre la tierra.

Los Hijos de Israel vieron y se dijeron los unos a los otros: "¿Qué es eso –man hu–»? Pues no sabían lo que era. Moisés les dijo: "Éste es el pan que El Eterno os ha dado para que comáis. Esto es lo que El Eterno ha ordenado: 'Recoged de él, cada hombre según lo que coma, una medida omer por persona, conforme al número de vuestras personas, tomaréis cada uno para los que están en su tienda".

Los Hijos de Israel así lo hicieron; y recogieron unos más, otros menos. Midieron con una medida omer y no sobró al que había recogido más, ni faltó al que había recogido menos; cada uno recogió conforme a lo que come.

Moisés les dijo: "Ningún hombre ha de dejar restos de él –el maná– hasta la mañana".

Y no obedecieron a Moisés, y hubo hombres que dejaron de él hasta la mañana, y se agusanó, y hedió; y Moisés se enfureció con ellos.

Lo recogieron mañana tras mañana, cada hombre según lo que come, y cuando el Sol calentaba, se derretía.

Y sucedió al sexto día que recogieron una porción doble de comida: dos medidas *omer* cada uno; y todos los príncipes de la asamblea vinieron y se lo dijeron a Moisés. Él les dijo: "Esto es lo que ha hablado El Eterno; mañana es el santo Día de Reposo –Shabat–, el reposo consagrado a El Eterno; lo que habéis de hornear, horneadlo hoy, y lo que habéis de cocinar, cocinadlo; y todo lo que quede, guardadlo para mañana".

Ellos guardaron hasta la mañana, tal como había ordenado Moisés; y no se agusanó, ni hedió.

Dijo Moisés: "Comedlo hoy, pues hoy es Día de Reposo –Shabat– para El Eterno. Hoy no lo encontrarán en el campo. Seis días lo recogeréis, mas el séptimo día es Día de Reposo –Shabat–, y ese día no habrá".

Y ocurrió al séptimo día que –hombres– del pueblo salieron a recoger, mas no hallaron. El Eterno le dijo a Moisés: "¿Hasta cuándo os resistiréis a observar Mis preceptos y Mis leyes? Observad que El Eterno os ha dado el Día de Reposo –Shabat–; por eso Él os da el sexto día una porción doble de pan. Cada hombre permanezca en su sitio; que ningún hombre abandone su sitio el séptimo día".

El pueblo descansó el séptimo día. La Casa de Israel lo llamó maná. Era como una semilla de cilantro, blanco, y su sabor como una fritura de masa con miel.

Moisés dijo: "Esto es lo que El Eterno ha ordenado: 'Llenad una medida *omer* de él, y guardadlo para vuestras generaciones, a fin de que vean el pan con que os alimenté en el desierto, cuando os saqué de la tierra de Egipto'".

Moisés le dijo a Aarón: "Toma una vasija y coloca en ella una medida *omer* completa de maná; y ponla ante El Eterno para que sea guardado para vuestras generaciones".

Y tal como El Eterno le ordenó a Moisés, Aarón lo puso delante del Testimonio para guardarlo.

Los Hijos de Israel comieron el maná durante cuarenta años, hasta su llegada a una tierra habitada; comieron el maná hasta su llegada a la frontera de la tierra de Canaán. El *omer* es una medida equivalente a una décima parte de un *eifá*» (Éxodo 16:4–36).

## Depresión

Una recomendación para evitar la depresión es ingerir algo caliente en la comida denominada *melave malca*. También se le atribuye la virtud de alejar las enfermedades y proveer nutriente al huesecillo esencial que hay en el cuerpo humano.

Por tanto, debido a la importancia de esta comida, veremos en qué consiste y observaremos sus virtudes: la expresión *melave malca* significa «acompañado de la reina», pues a través de la misma se despide y acompaña al Día de Reposo –Shabat–, que es comparado a una reina.

Esta comida es sumamente importante y trascendental. En el Código Legal se estableció: «La persona ha de ordenar su mesa después de la salida del Shabat, aunque no la necesite sino para comer únicamente una porción tan pequeña como del tamaño de una aceituna» (Shulján Aruj: *Oraj Jaim* 300:1).

Los sabios enseñaron que el fundamento de esta cena se basa en que, así como salimos a recibir a la reina, el Shabat, cuando llega, a través de la ceremonia conocida como *Kabalat Shabat,* del mismo modo la debemos acompañar al retirarse.

Lo tocante a la comparación del Shabat con una reina se encuentra indicado en el poema que se entona cuando se lo recibe, pues el mismo comienza con estas palabras: «Ven, querido mío, al encuentro de la novia, recibamos al Shabat *—leja dodí likrat kala, penei Shabat nekabela—*». Y el poema culmina con esta declaración: «Ven Novia, ven Novia, ven Novia, la reina Shabat».

## LAS BONDADES DEL BANQUETE

Esta comida de acompañamiento del Shabat en su despedida *—melave malca—* genera muchos beneficios a quien cumple con ella.

En el libro Orjot Iosher está escrito que la persona debe esforzarse en cumplir con esta comida incluso cuando no sienta apetito. Pues, a través de eso, se merecerá no tener necesidad de ingerir preparados y remedios amargos para curación. Y cuando se come la comida caliente se recomienda decir: «la comida caliente al culminar el Shabat es para curación *—jamin bemotzaei Shabat melugma—*» *(véase* Talmud, tratado de Shabat 119).

La expresión: «la comida caliente al culminar el Shabat es para curación» requiere explicación; ya que en el texto talmúdico no se especificó a qué tipo de afección se refiere. Y el sabio Arie Leibush lo explicó, pues dijo que se relaciona con la curación de la aflicción anímica. Y eso está indicado en el versículo que declara: «Él sana a los quebrantados de corazón, y venda sus angustias» (Salmos 147:3).

Lo que está escrito, «sus angustias», se refiere al fin de la tristeza (Metzudat David). Ya que se quitará la aflicción del corazón y, en lugar de tristeza, habrá alegría y júbilo (Malbim).

Por tanto lo que está escrito, «venda sus angustias, se refiere a la curación de las afecciones anímicas. Y, en el texto original hebreo, la expresión «venda» está escrita a través de la locución *mejavesh*.

מחבש

Las letras de la expresión *mejavesh* son las iniciales de estas palabras: *jamin bemotzaei Shabat melugma*. O sea: «la comida caliente al culminar el Shabat es para curación».

He aquí un indicio evidente de que la comida caliente al culminar el Shabat es recomendable para curación de las afecciones anímicas (véase Orjot Jaim 300; Taamei Haminaguim: *Inanei Shabat*).

## EL SUSTENTO DEL HUESECILLO ESENCIAL

Otro beneficio de esta comida es el nutrimento del huesecillo denominado *luz*.

Este huesecillo es distinto a todos los demás huesos del cuerpo humano, como se enseña en el Talmud: el día sexto de la creación –viernes– en la primera hora del día, Dios reunió el polvo de la tierra para crear a Adán, el primer hombre. En la segunda hora fue creado el aspecto de Adán. En la tercera hora fue dada la forma a la masa, quedando constituido el cuerpo de Adán. En la cuarta hora los miembros se unieron. En la quinta hora fueron abiertos los orificios del cuerpo de Adán. En la sexta hora le fue introducida el alma. En la séptima hora Adán se puso de pie (y también Adán fue adormecido por Dios para extraerle un hueso, y con el mismo fue creada Eva). En la octava hora, Adán se allegó a Eva. En la novena hora Dios lo llevó al Jardín del Edén. En la décima hora Dios le ordenó no comer del Árbol del Conocimiento.

Hasta ese momento Adán se encontraba en el Jardín del Edén, disfrutando de los placeres que tenía en ese lugar, mientras los ángeles lo atendían. Ellos asaban para él carne, y filtraban para él vino. Pero la Serpiente vio los grandes honores de los que gozaba Adán, y sintió envidia.

En la undécima hora Adán pecó comiendo del árbol prohibido. En la duodécima hora Adán fue expulsado del Jardín del Edén (Talmud, tratado de Sanhedrín 38b; Avot de Rabí Natán 1:8).

Apreciamos de la cronología de los hechos que el pecado de Adán, cuando comió del árbol prohibido, se produjo el día sexto de la creación, el viernes.

Ahora bien, ese alimento consumido por Adán fue digerido, procesado y enviado al torrente sanguíneo. Y, a través de la sangre, llegó a los distintos miembros de su cuerpo, nutriéndolos a todos.

No obstante, los sabios nos enseñan que existe en el cuerpo humano un huesecillo pequeño, el cual no tiene provecho del alimento consumido durante los días de la semana. Sólo tiene provecho del alimento ingerido en la noche que llega cuando culmina el Shabat.

Siendo así, este huesecillo, llamado *luz,* no tuvo provecho del fruto del Árbol del Conocimiento que fue prohibido por Dios a Adán. Por lo tanto, se deduce que este huesecillo no participó del pecado. Por eso en nuestro cuerpo hay un hueso diferente a todos los demás, el cual aún mantiene la santidad del cuerpo de Adán, antes de pecar.

Las propiedades de este huesecillo son sensacionales, pues jamás se altera ni cambia de estado. Aunque lo arrojásemos al fuego, o intentemos molerlo o quebrarlo valiéndonos de un mortero, martillo o cualquier tipo de fuerza que le pudiéramos aplicar, permanecerá intacto, sin mella alguna.

Este huesecillo es la conexión que queda entre el alma y el cuerpo después de la muerte. Incluso cuando la materia se desintegre por completo permanecerá intacto.

El huesecillo luz se encuentra en la parte posterior del cráneo, y no está ligado a ninguno de los demás huesos. Su tamaño es tan pequeño como un grano de cebada, semicircular, aproximándose a la forma de un cubo. Lo recubren unas delgadas venillas portadoras de sangre, adoptando un aspecto parecido al de una araña que lo aprisionara.

Los sabios enseñaron que, a partir de éste, en la época de la resurrección de los muertos, comenzarán a desarrollarse en su interior todos los miembros, tendones, piel y carne. Así vendrá rodando hasta la tierra de Israel, donde finalmente recibirá el alma y revivirá (véase Kaf Hajaim 300).

# XII

# EL PODER DE LA CURACIÓN CABALÍSTICA

En este capítulo observaremos las características de un *kameia*, ya que es un elemento cabalístico de curación muy poderoso. Y, para que el mismo sea efectivo y eficaz, debe ser escrito por una persona idónea. Pues, tal como ya hemos dicho, en el Talmud y en el Código Legal –Shulján Aruj–, se menciona la curación a través de amuletos denominados *kameia,* que contienen textos sagrados. Pero no todas las personas pueden escribir un *kameia,* debido a que se requiere preparación adecuada y santidad.

## LOS PREPARATIVOS PARA LA ESCRITURA DE UN *KAMEIA*

La persona que escribirá un *kameia,* antes de hacerlo, deberá prepararse apropiadamente y purificarse.

En la plegaria matutina del día de la escritura del *kameia,* quien lo escribirá debe hacer una profunda introspección y despertarse en arrepentimiento y rectificación. Deberá pronunciar la declaración de confesión por los pecados: «*al jet [...]*», y si siente que ha cometido algún tipo de falta, lo debe mencionar en la confesión.

Si le es posible, ha de ayunar en ese día; y si puede ayunar dos días, mucho mejor. Pues todo el que aumenta le es aumentada abundancia de irradiación de luminosidad de lo Alto.

Es apropiado que, en el día de la escritura del *kameia,* quien lo escribirá corte las uñas de sus manos y pies antes de la plegaria matutina. Asimismo deberá sumergirse cuatro veces en las aguas de una *Mikve.* Y ha de concentrarse en la combinación de los Nombres de El Santo, Bendito Sea, que se escriben con las letras hebreas: *iud–he–vav–he alef–he–iud–he* y *iud–alef–alef he–he–dalet vav–iud–nun he–he–iud.* Cada vez que se sumerge, debe concentrarse en una de las cuatro combinaciones.

Deberá quitar toda suciedad de su cuerpo y vestir ropas limpias. Asimismo corresponde que dé caridad, otorgando dinero a los necesitados, tanto el que escribe el *kameia,* como aquel para quien es escrito.

Durante tres días no deberá tener contacto íntimo con una mujer. Y al *kameia* lo ha de escribir en un lugar puro.

## La energía cabalística

Antes de comenzar a escribir, debe lavar sus manos, y concentrarse en la forma de los diez dedos, que están asociados al misterio de las diez emanaciones cósmicas denominadas *sefirot.* Además ha de prosternarse a tierra en dirección este, y pronunciar con gran concentración el versículo que declara: «Sea la complacencia de El Señor, nuestro Dios, sobre nosotros, y confirma sobre nosotros la obra de nuestras manos; confirma la obra de nuestras manos» (Salmos 90:17). Y a continuación pronunciará todo el Salmo 90.

Seguidamente deberá pronunciar todo este texto mencionado nuevamente. Ya que completándolo dos veces se pronuncian 248 palabras, en correspondencia con las 248 estructuras óseas que hay en el cuerpo humano. Después ha de tomar con la mano el pergamino en el que escribirá el *kameia*, y girar el rostro en dirección este. Entonces pronunciará con gran concentración el Salmo 5, el Salmo 91, tres veces el versículo que declara: «Tú eres mi amparo, me protegerás de la angustia; con cánticos de liberación me rodearás siempre» (Salmos 32:7), el Salmo 18, y tres veces el versículo que declara: «Y Noé halló gracia en los ojos de El Eterno» (Génesis 6:8).

Seguidamente deberá pronunciar con gran concentración una plegaria que contiene Nombres sagrados de El Santo, Bendito Sea, y solicitará: «[...] que mengano hijo de zutana tenga éxito a través de este *kameia*, y esta acción con la que yo, mengano hijo de zutana, me esfuerzo. Y que no haya ninguna fuerza para ningún acusador en el mundo, tanto para acusarme a mí, y a este *kameia*, tanto en lo tocante a mi escrito y a esta acción. Y tampoco –para acusar– contra mengano hijo de zutana, que yo escribo en su nombre y por causa de él».

La plegaria se culmina pronunciando otros Nombres sagrados de El Santo, Bendito Sea, con gran concentración y reverencia (Refuá Vejaim V, leyes de *kameia*).

## DÍAS ADECUADOS

Éstos son los días del mes lunar propicios para escribir un *kameia* y tener éxito.

Día 1: por la mañana.

Día 2: hay sabios que consideran que se ha de escribir por la mañana, y otros no están de acuerdo en que se escriba en ese día.

Día 3: no.

Día 4: todo el día.

Día 5: por la mañana.

Día 6: no.

Día 7: por la mañana.

Día 8: por la mañana.

Día 9: no.

Día 10: no.

Día 11: por la mañana.

Día 12: todo el día.

Día 13: no.

Día 14: por la mañana.

Día 15: no.

Día 16: por la mañana.

Día 17: por la tarde.

Día 18: no.

Día 19: no.

Día 20: no.

Día 21: por la mañana.

Día 22: por la mañana.

Día 23: no.

Día 24: todo el día.

Día 25: todo el día.

Día 26: por la mañana.

Día 27: por la mañana.

Día 28: todo el día.

Día 29: no.

Día 30: por la mañana.

## Horarios apropiados

Éstas son las horas propicias de cada día para escribir un *kameia:*

Primer día de la semana –domingo–: hora 7

Segundo día de la semana –lunes–: hora 5

Tercer día de la semana –martes–: hora 1

Cuarto día de la semana –miércoles–: hora 2

Quinto día de la semana –jueves–: hora 4

Sexto día de la semana –viernes–: hora 5 y hora 10

## El texto sublime

Quien escribe el *kameia* debe escribir: «he aquí yo escribo en el Nombre de Dios, Creador de los Cielos y la Tierra, para mengano hijo de zutana». Además, debe escribir el nombre del ángel que corresponde con ese día, y también deberá escribir el nombre del cuerpo celeste que prevalece en esa hora, de acuerdo con el orden correspondiente, para que el *kameia* sea efectivo.

## El orden de los siete cuerpos celestes

Los siete cuerpos celestes que prevalecen durante el día son éstos y éste es su orden: Saturno, cuyo nombre hebreo es Shavetai; Júpiter, cuyo nombre hebreo es Tzedek; Marte, cuyo nombre hebreo es Maadim; Sol, cuyo nombre hebreo es Jamá; Venus, cuyo nombre hebreo es Noga; Mercurio, cuyo nombre hebreo es Kojav; Luna, cuyo nombre hebreo es Levaná.

A continuación, observaremos el diagrama del trayecto que recorren durante las doce horas de la noche, y las doce horas del día, en los siete días de la semana.

Éste es el trayecto nocturno:

### Trayecto nocturno del primer día de la semana –*domingo*–:
* Mercurio –Kojav–, Luna –Levaná–. Saturno –Shavetai–, Júpiter –Tzedek–, y Marte –Maadim–; Sol –Jamá–, Venus –Noga–, Mercurio –Kojav–, Luna –Levaná–. Saturno –Shavetai–, Júpiter –Tzedek– y Marte –Maadim.

### Trayecto nocturno del segundo día de la semana –*lunes*–:
* Júpiter –Tzedek–, Marte –Maadim–, Sol –Jamá–, Venus –Noga–. Mercurio –Kojav–, Luna –Levaná–, Saturno –Shavetai–, Júpiter –Tzedek–, Marte –Maadim–, Sol –Jamá–, Venus –Noga–, Mercurio –Kojav.

### Trayecto nocturno del tercer día de la semana –*martes*–:
* Venus –Noga–, Mercurio –Kojav–, Luna –Levaná–, Saturno –Shavetai–. Júpiter –Tzedek–, Marte –Maadim–, Sol –Jamá–, Venus –Noga–, Mercurio –Kojav–, Luna –Levaná–, Saturno –Shavetai–, Júpiter –Tzedek.

### Trayecto nocturno del cuarto día de la semana –*miércoles*–:
* Saturno –Shavetai–, Júpiter –Tzedek–, Marte –Maadim–, Sol –Jamá–, Venus –Noga–, Mercurio –Kojav–, Luna –Levaná–, Saturno –Shavetai–, Júpiter –Tzedek–, Marte –Maadim–, Sol –Jamá–, Venus –Noga.

### Trayecto nocturno del quinto día de la semana –*jueves*–:
- Sol –Jamá–, Venus –Noga–, Mercurio –Kojav–, Luna –Levaná–, Saturno –Shavetai–, Júpiter –Tzedek–, Marte –Maadim–, Sol –Jamá–, Venus –Noga–, Mercurio –Kojav–, Luna –Levaná–, Saturno –Shavetai.

### Trayecto nocturno del sexto día de la semana –*viernes*–:
- Luna –Levaná–, Saturno –Shavetai–, Júpiter –Tzedek–, Marte –Maadim–, Sol –Jamá–, Venus –Noga–, Mercurio –Kojav–, Luna –Levaná–, Saturno –Shavetai–, Júpiter –Tzedek–, Marte –Maadim–, Sol –Jamá.

### Trayecto nocturno del séptimo día de la semana –*sábado*–:
- Marte –Maadim–, Sol –Jamá–, Venus –Noga–, Mercurio –Kojav–, Luna –Levaná–, Saturno –Shavetai–, Júpiter –Tzedek–, Marte –Maadim–, Sol –Jamá–, Venus –Noga–, Mercurio –Kojav–, Luna –Levaná.

## EL TRAYECTO DEL DÍA

Éste es el trayecto diurno:

### Trayecto diurno del primer día de la semana –*domingo*–:
- Sol –Jamá–, Venus –Noga–, Mercurio –Kojav–, Luna –Levaná–, Saturno –Shavetai–, Júpiter –Tzedek–, Marte –Maadim–, Sol –Jamá–, Venus –Noga–, Mercurio –Kojav–, Luna –Levaná–, Saturno –Shavetai.

### Trayecto diurno del segundo día de la semana –*lunes*–:
- Luna –Levaná–, Saturno –Shavetai–, Júpiter –Tzedek–, Marte –Maadim–, Sol –Jamá–, Venus –Noga–, Mercurio –Kojav–, Luna –Levaná–, Saturno –Shavetai–, Júpiter –Tzedek–, Marte –Maadim–, Sol –Jamá.

**Trayecto diurno del tercer día de la semana** *–martes–*:
• Marte –Maadim–, Sol –Jamá–, Venus –Noga–, Mercurio –Kojav–, Luna –Levaná–, Saturno –Shavetai–, Júpiter –Tzedek–, Marte –Maadim–, Sol –Jamá–, Venus –Noga–, Mercurio –Kojav–, Luna –Levaná.

**Trayecto diurno del cuarto día de la semana** *–miércoles–*:
• Mercurio –Kojav–, Luna –Levaná–, Saturno –Shavetai–, Júpiter –Tzedek–, Marte –Maadim–, Sol –Jamá–, Venus –Noga–, Mercurio –Kojav–, Luna –Levaná–, Saturno –Shavetai–, Júpiter –Tzedek–, Marte –Maadim.

**Trayecto diurno del quinto día de la semana** *–jueves–*:
• Júpiter –Tzedek–, Marte –Maadim–, Sol –Jamá–, Venus –Noga–, Mercurio –Kojav–, Luna –Levaná–, Saturno –Shavetai–, Júpiter –Tzedek–, Marte –Maadim–, Sol –Jamá–, Venus –Noga–, Mercurio –Kojav.

**Trayecto diurno del sexto día de la semana** *–viernes–*:
• Venus –Noga–, Mercurio –Kojav–, Luna –Levaná–, Saturno –Shavetai–, Júpiter –Tzedek–, Marte –Maadim–, Sol –Jamá–, Venus –Noga–, Mercurio –Kojav–, Luna –Levaná–, Saturno –Shavetai.

**Trayecto diurno del séptimo día de la semana** *–sábado–*:
• Saturno –Shavetai–, Júpiter –Tzedek–, Marte –Maadim–, Sol –Jamá–, Venus –Noga–, Mercurio –Kojav–, Luna –Levaná–, Saturno –Shavetai–, Júpiter –Tzedek–, Marte –Maadim–, Sol –Jamá–, Venus –Noga.

## ASISTENTES ASTRALES

Éstos son los asistentes de los siete cuerpos celestes y los ángeles que les corresponden:

- **Mercurio –Kojav–,** sus asistentes son los signos del zodíaco de Géminis y Virgo. Y el ángel que le corresponde tiene un nombre que se escribe con estas letras hebreas: *mem-iud-caf-alef-lamed.*

- **Luna –Levaná–,** su asistente es el signo del zodíaco de Cáncer. Y el ángel que le corresponde tiene un nombre que se escribe con estas letras hebreas: *guimel-bet-reish-iud-alef-lamed.*

- **Saturno –Shavetai–,** sus asistentes son los signos del zodíaco de Capricornio y Acuario. Y el ángel que le corresponde tiene un nombre que se escribe con estas letras hebreas: *kuf-pe-tzadi-iud-alef-lamed.*

- **Júpiter –Tzedek–,** sus asistentes son los signos del zodíaco de Sagitario. Y el ángel que le corresponde tiene un nombre que se escribe con estas letras hebreas: *tzadi-dalet-kuf-iud-alef-lamed.*

- **Marte –Maadim–,** sus asistentes son los signos del zodíaco de Aries y Escorpio. Y el ángel que le corresponde tiene un nombre que se escribe con estas letras hebreas: *samej-mem-alef-lamed.*

- **Sol –Jamá–,** su asistente es el signo del zodíaco de Leo. Y el ángel que le corresponde tiene un nombre que se escribe con estas letras hebreas: *reish-pe-alef-lamed.*

- **Venus –Noga–,** sus asistentes son los signos del zodíaco de Tauro y Libra. Y el ángel que le corresponde tiene un nombre que se escribe con estas letras hebreas: *ain-nun-alef-lamed.*

## Final del *Kameia*

Cuando quien escribió el *kameia* lo cierre con una costura debe recitar dos veces la oración denominada «Oye Israel –*Shemá Israel*–». Y debe pronunciar seis veces el versículo que declara: «Sea la complacencia de El Señor nuestro Dios sobre nosotros, y confirma sobre nosotros la obra de nuestras manos; confirma la obra de nuestras manos» (Salmos 90:17), y el Salmo 90 completo. A continuación debe recitar el Salmo 29 completo, tres veces. Seguidamente ha de recitar el Salmo 23, tres veces. Del mismo modo debe recitar el Salmo 3, tres veces. Y después debe recitar el Salmo 5, tres veces.

A continuación recitará tres veces el versículo que declara: «El Eterno de los ejércitos está con nosotros; el Dios de Jacob es nuestro refugio, por siempre» (Salmos 46:8). Seguidamente ha de recitar tres veces el versículo que declara: «El Eterno de los ejércitos, dichoso el hombre que confía en Ti» (Salmos 84:13). Del mismo modo debe recitar tres veces el versículo que declara: «El Eterno salva; que el Rey nos responda en el día que lo invoquemos» (Salmos 20:10).

Posteriormente, cuando se disponga a colgar el *kameia* en el cuello de quien lo llevará, deberá recitar tres veces el versículo que declara: «Sea la complacencia de El Señor nuestro Dios sobre nosotros, y confirma sobre nosotros la obra de nuestras manos; confirma la obra de nuestras manos» (Salmos 90:17), y ha de recitar también el Salmo 91. Y, cuando llegue al versículo que declara: «Pues a sus ángeles mandará para ti [...]», debe repetirlo tres veces.

## EL ATADO DEL *KAMEIA*

Cuando se disponga a atar el *kameia*, ha de hacer cinco nudos. Cuando realice el primer nudo deberá decir: «Yo ato este nudo en el nombre de Abraham y Mijael». Cuando realice el segundo nudo deberá decir: «Yo ato este nudo en el nombre de Itzak y Gabriel». Cuando realice el tercer nudo deberá decir: «Yo ato este nudo en el nombre de Yaakov y Refael». Cuando realice el cuarto nudo deberá decir: «Yo ato este nudo en el nombre de Moisés y Ihudiel». Cuando realice el quinto nudo deberá decir: «Yo ato este nudo en el nombre de Aharón y Uriel». Y tendrá éxito (Refua Vejaim capítulo V).

# XI

# LOS DESIGNIOS DE LA ASTROLOGÍA

Ahora veremos lo referente a los designios de la astrología y cómo enfrentarlos y superarlos. Pues los sabios han revelado importantes enseñanzas acerca de este asunto para saber de qué manera canalizarlo y cómo revertir los malos designios.

## Domingo

En el Talmud se enseñó: en la libreta de Rabí Iehoshúa, el hijo de Levi, estaba escrito: quien nace en el primer día de la semana –domingo– será un hombre volcado por completo al bien o al mal. Como el caso de Rav Ashí y Dimi, el hijo de Kakuzta, quienes nacieron en ese día –domingo–. Rav Ashí se convirtió en un gran erudito, líder de la Academia de estudios, y Dimi, el hijo de Kakuzta, se convirtió en el líder de una famosa pandilla de asaltantes. Ambos nacieron en un mismo día, pero uno se inclinó para el lado del bien y el otro para el lado del mal.

Ahora bien, ¿por qué esto es así, que el que nace en el primer día de la semana –domingo– se volcará totalmente hacia un solo flanco y puede convertirse en líder? Porque ese día es el primero de la obra de la creación, o sea, el líder de la obra de la creación. Y en ese primer día de la creación fueron creadas la oscuridad y la luz, como está dicho: «En el comienzo creó Dios a los Cielos y a la Tierra. Y la Tierra estaba informe y vacía, con oscuridad sobre la superficie del abismo, y la Presencia Divina sobrevolaba sobre la superficie de las aguas. Dijo Dios: "Que haya luz", y hubo luz. Dios vio que la luz era buena, y Dios separó la luz de la oscuridad. Dios llamó a la luz Día y a la oscuridad la llamó Noche. Y fue tarde, y fue mañana, un día" (Génesis 1:1-5). La oscuridad y la luz son dos opuestos, uno indica el flanco del mal, y el otro, el flanco del bien. Por eso el que nace en el primer día de la semana –domingo– será una persona bien definida, inclinada totalmente hacia uno de los dos flancos encontrados, el bien o el mal.

## Lunes

Quien nace en el segundo día de la semana –lunes– será una persona irritable. ¿Cuál es la razón? Porque en ese día fueron separadas las aguas de lo bajo de las aguas de lo alto. Como está dicho: «Dijo Dios: "Que haya un firmamento en medio de las aguas y que separe las aguas de las aguas". Así Dios hizo el firmamento y separó las aguas que estaban debajo del firmamento de las aguas que estaban por encima del firmamento; y así fue. Dios llamó al firmamento Cielos. Y fue tarde, y fue mañana, segundo día» (Génesis 1:6-8). Por tanto, esta persona estará separada de la sociedad por su característica de irritarse permanentemente.

---

# Martes

Quien nace en el tercer día de la semana –martes– ha de ser una persona rica y poseedora de una gran incitación sexual. ¿Cuál es la razón? Porque en el día Martes fueron creados los vegetales, como está dicho: «Dijo Dios: "Que la tierra produzca vegetación, hierbas que den semillas, árboles frutales que den frutos, cada uno según su especie y cuya semilla está en él, sobre la tierra"; y así fue. Y la tierra produjo vegetación, hierba que da semilla según su especie, y árbol que da fruto, cuya semilla está en él, según su especie. Y vio Dios que era bueno. Y fue tarde, y fue mañana, tercer día» (Génesis 1:11-13). Ya que los vegetales se reproducen rápidamente y en gran número, son un indicio del acto de la reproducción y la riqueza. Además, se advierte que en el caso de los vegetales no está escrito «por sus especies», y por eso nacen en forma entremezclada, nutriéndose uno del otro, lo cual es un indicio de una gran incitación sexual.

# Miércoles

Quien nace en el cuarto día de la semana –miércoles– será sabio y radiante. ¿Cuál es la razón? Porque en ese día fueron establecidas las luminarias, como está dicho: «Dijo Dios: "Que haya luminarias en el firmamento de los Cielos para que separen el día de la noche; y sean por señales y para las futuras fiestas, y para los días y los años, y sean por luminarias en el firmamento de los Cielos para que iluminen sobre la tierra"; y así fue. Y Dios hizo las dos grandes luminarias, la luminaria mayor para que domine en el día, y la luminaria menor para que domine en la noche, y las estrellas. Y Dios las colocó en el firmamento de los Cielos para que den luz sobre la Tierra, para que dominen de día y de noche, y para que separen la luz de la oscuridad; y Dios vio que era bueno. Y fue tarde, y fue mañana, cuarto día» (Génesis 1:14-19).

## JUEVES

Quien nace en el quinto día de la semana –jueves–, será generoso y bondadoso. ¿Cuál es la razón? Porque en ese día fueron creados los peces y las aves, como está dicho: «Dijo Dios: "Que las aguas produzcan seres vivos y que aves vuelen sobre la tierra a través de la extensión del firmamento de los Cielos". Y creó Dios a los grandes animales marinos, y a todo ser viviente que se mueve, que las aguas produjeron según su especie, y a toda ave alada según su especie; y vio Dios que era bueno. Dios los bendijo, diciendo: "Fructificaos y multiplicaos, y llenad las aguas de los mares; pero las aves se multiplicarán en la tierra". Y fue tarde y fue mañana, quinto día» (Génesis 1:20-23). Ya que los peces y las aves no deben esforzarse para conseguir su alimento, sino que lo reciben generosamente de Dios, por eso, quien nace en ese día en el que estos seres vivos fueron creados será generoso y bondadoso con los demás.

## VIERNES

Quien nace en la víspera de Shabat –viernes– será una persona con tendencia a ir tras las ordenanzas de Dios. ¿Cuál es la razón? Porque en ese día fue creado Adán, el primer hombre y Dios le ordenó cumplir seis preceptos. Como está dicho: «Y dijo Dios: "Hagamos al hombre a Nuestra Imagen, y a Nuestra Semejanza" [...] Y fue tarde, y fue mañana, el sexto día (Génesis 1:26-31). Y a continuación está escrito: «Y le ordenó El Eterno Dios al hombre, diciendo: "De todo árbol del jardín podrás comer"» (Génesis 2:16).

En este versículo se indican los seis preceptos otorgados por Dios a Adán para que los cumpliera. Pues lo que está escrito: «Y le ordenó», se refiere a lo relacionado con las ordenanzas. Es decir, le ordenó lo referente a la justicia.

«El Eterno» corresponde con el Tetragrama, que es el Nombre sagrado del Creador, y está prohibido maldecirlo. Es decir, se alude aquí a la prohibición de maldecir a Dios.

«Dios» indica la prohibición de confiar en otros dioses, es decir, se refiere a la prohibición de practicar idolatría.

«Al hombre» se refiere a la prohibición de derramar sangre.

«Diciendo» se refiere a la prohibición de casarse con parientes cercanos.

«De todo árbol del jardín podrás comer», y no de lo que no sea tuyo ni tengas permiso a acceder a ello, es decir, indica la prohibición de robar (Maarsha).

## SÁBADO

Quién nace en el séptimo día de la semana –sábado– perecerá en sábado. ¿Cuál es la razón? Porque para atender el parto de su nacimiento se realizaron labores comúnmente prohibidas en sábado, que es un día sagrado en el cual no se debe realizar labor. Como está escrito: «Así se completaron el Cielo y la Tierra, y todos sus componentes. Al séptimo día Dios completó Su obra que había hecho, y cesó el séptimo día de toda Su obra que había hecho. Dios bendijo el séptimo día y lo santificó, porque en él cesó toda Su obra que Dios creó para hacer» (Génesis 2:1-3). Raba, el hijo de Rav Shila, dijo que este hombre estará dotado de santidad. Pues está escrito «Al séptimo día», y a continuación «y lo santificó» (Génesis 2:3) (Talmud, tratado de Shabat 156a).

## LOS CUERPOS CELESTES

Rabí Janina consideró que la causa determinante de la suerte de la persona se debe a la influencia horaria de los siete cuerpos celestes que ejercen una influencia directa sobre la Tierra.

Estos siete cuerpos celestes son: el Sol, denominado Jamá, Venus, denominado Noga, Mercurio, denominado Kojav, la Luna, denominada Levaná, Saturno, denominado Shavetai, Júpiter, denominado Tzedek y Marte, denominado Maadim.

El que nace bajo la influencia del Sol será una persona radiante, y su rostro irradiará resplandor del mismo modo como el Sol irradia luminosidad al mundo. Además, comerá y beberá de lo suyo, sin tener que acudir a los demás, como el Sol que ilumina en un tiempo establecido y determinado, bajo limites bien definidos. Será un individuo de secretos revelados, como el Sol que se muestra ante todos abiertamente, por tal razón, si incurre en el latrocinio, no tendrá éxito, ya que el Sol no oculta nada ni toma lo que no le pertenece, invadiendo el tiempo asignado a la noche.

El que nace bajo la influencia de Venus será una persona acaudalada y poseedora de una gran incitación sexual. Pues de ese astro depende el fuego de la pasión por el deseo ardiente, que permanece encendido como un horno.

El que nace bajo la influencia de Mercurio será una persona sincera y sabia. Pues Mercurio es el planeta más cercano al Sol, permaneciendo junto a él constantemente como un escriba, circundándolo en tan sólo 88 días.

El que nace bajo la influencia de la Luna será una persona que deberá soportar aflicciones, tal como sucede con la Luna que sufre disminuciones en su trayectoria, ya que crece y decrece constantemente. Por tal razón, este individuo será inestable, elaborará planes y los desvanecerá, anulará lo que pensó hacer y volverá a fundamentar. Comerá y beberá de lo de otros, tal como ocurre con la Luna, que se nutre de luz que no es propia e invade el dominio del Sol, irrumpiendo cuando aún es de día. Sus secretos permanecerán encubiertos, como ocurre con la Luna, y si se dedicara al latrocinio tendrá éxito ya que no revela sus actos.

El que nace bajo la influencia de Saturno será una persona cuyos pensamientos se desvanecerán. Pues Saturno ejerce su influencia en el inicio del día de reposo denominado Shabat, y es el responsable del declive y las cesaciones de todo asunto, ya que las labores están prohibidas de ser realizadas en el día de reposo denominado Shabat. Esta característica está indicada en el nombre del astro, que en hebreo es Shabetai, y alude al Shabat, es decir, cesación. Incluso se considera que los pensamientos de otros hombres con respecto a este individuo nacido bajo la influencia de Saturno se disiparán.

Quien nace bajo la influencia de Júpiter será una persona recta. Rav Najman, el hijo de Itzjak, señaló que será recto en relación con la observancia de la ordenanza Divina. Ya que al que hace justicia en hebreo se lo denomina *tzadkán* y el nombre hebreo de este astro es Tzedek.

Quien nace bajo la influencia de Marte será una persona con tendencia a derramar sangre.

Rav Ashi dijo que esta tendencia puede ser salvaguardada y canalizada correctamente o, por el contrario, puede ser utilizada de modo impropio. Pues esta persona nacida bajo la influencia de Marte dispone de la opción de ejercer la medicina y extraer sangre de los pacientes que lo requieran.

Aunque, por otro lado, puede convertirse en un delincuente que asesina a sus víctimas. El individuo que recibió esta influencia, o cualquier otra proveniente de la energía de los astros, posee libre albedrío para orientarla del modo que su voluntad lo desee. Por eso, en este caso específico, puede aprovechar su naturaleza que le otorga una enorme fortaleza contra el impacto de ver sangre y lo impulsa a verla, convirtiéndose en un buen matarife de animales, o en un correcto profesional en la realización de la circuncisión. De este modo, estará canalizando correctamente la naturaleza que le ha sido otorgada cumpliendo acertadamente su misión que le ha sido asignada en este mundo.

Seguidamente se cita en el Talmud una objeción presentada por Raba:

—Pero, ¿acaso una persona que nace bajo la influencia de Marte posee tendencia a derramar sangre? ¡Yo he nacido bajo la influencia de Marte! ¿Acaso poseo tendencia a derramar sangre?

Abaie respondió:

—¡Sí! Pues usted maestro también castiga letalmente a los que desobedecen su palabra (Talmud, tratado de Shabat 156).

## La energía de los días del mes

En los libros de Cábala se explica que también cada día del mes lunar tiene influencia directa.

### Día 1

El día 1 del mes es muy bueno. Acerca del mismo fue dicho: «Y vio Dios que era bueno» (Génesis 1:25). En ese día fueron creados Adán y Eva, como está escrito: «Y dijo Dios: hagamos al hombre [...] Dios creó al hombre a su Imagen, a Imagen de Dios lo creó; hombre y mujer los creó [...] Y fue tarde, y fue mañana, el sexto día» (Génesis 1:26-31). Y el sexto día de la creación era Rosh Hashaná, o sea, el día 1 del mes Tishrei *(véase* Midrash Rabá: Devarim XIII). Quien nace en ese día, su destino será bueno y ascendente. Si a un enfermo se le redime su alma –*pidión nefesh*– antes de la plegaria matutina, y se aumenta en hacer caridad por él, sanará. Y lo mismo con los que no tienen hijos, si dan caridad, y recitan la plegaria por hijos, su oración se recibirá con buena voluntad en lo Alto. Este día es muy propicio para recitar en él Salmos, y se debe estar alegre.

### Día 2

El día 2 del mes viene con buenas noticias para los enfermos y curación. Quien nace en ese día se parecerá a su madre, y prevalecerá en él la naturaleza de su progenitora, más que la de su padre.

## Día 3

El día 3 del mes, un enfermo que cayó en cama en ese día debe ser cuidadoso con su salud y dar caridad de acuerdo con sus posibilidades, para remisión de su alma. Además, es apropiado que reciba sobre él el compromiso de cumplir algún precepto cuando sane de su enfermedad y se levante (por ejemplo, ayudar al necesitado, etc.). Y bendito es el que dice y hace. Y el niño que nace en ese día puede tener complicaciones y convulsiones. Por eso, es recomendable pedir a un hombre grande y experto que le escriba un *kameia,* para protección. Y este día es muy apropiado para adquirir elementos vinculados con los preceptos, como un manto de oraciones –*talit*–, filacterias –*tefilín*– o libros.

## Día 4

El día 4 del mes es bueno para todo asunto. Y quien contrae enlace con una mujer en ese día el mismo será por buena señal y buenos augurios, y se alegrará con ella. Pero este día es difícil para el enfermo. Y quien nace en este día necesita cuidado supremo.

## Día 5

El día 5 del mes es complicado y difícil en general. Considérese que Caín nació en ese día; y sobre él fue dicho: «El Eterno le dijo: "Por lo tanto, todo el que asesine a Caín, al final de siete generaciones será castigado"» (Génesis 4:15). No obstante, este día es muy propicio para corregirse y rectificarse.

## Día 6

El día 6 del mes es un día que traerá buenas noticias para el enfermo y su curación. Y quien nace en él tendrá tendencia a ser agresivo y reñidor. Es propicio estudiar todo el libro de los Salmos en este día, pues es de gran ayuda.

## Día 7

El día 7 del mes, quien nace en él tendrá vitalidad. Y es propicio aumentar en dar caridad en ese día, como así separar los diezmos, y repartirlos entre los pobres. Asimismo, es recomendable dar a todo el que pida de acuerdo con las posibilidades.

## Día 8

El día 8 del mes es un día especial y honorable. Es bueno para todo asunto. Asimismo, es muy propicio para todo el que está atravesando una aflicción, como problemas con sus hijos, económicos, o de cualquier otro tipo, por eso se recomienda que esa persona estudie la sección del sacrificio de Isaac, siete veces, antes de recitar la plegaria vespertina (ese texto se encuentra en Génesis, capítulo XXII). Y asimismo ha de recitar tres veces el fragmento correspondiente a la hechura del incienso, con mucha concentración. Y después ha de rezar la plegaria vespertina con concentración, y ha de pedir su deseo. Y El Eterno, que escucha la plegaria, la escuchará. Considérese que en ese día nació Matusalén el justo, que su mérito nos proteja.

## Día 9

El día 9 del mes es un día apropiado para instruir a los niños para su *bar mitzvá*. Y también a los que asisten al colegio. En este día nació Lemej *(véase* Génesis 4:18). Este día es auspicioso en especial por la madrugada, que es el momento de buena voluntad, para que se haga la voluntad de El Eterno.

## Día 10

El día 10 del mes es bueno y propicio para todo asunto, y para toda edificación; también para estudiar y enseñar, como así para juzgar. Quien nazca en este día tendrá larga vida. En este día Noé comenzó a construir el Arca. Este día es auspicioso para revisar las *mezuzot,* las filacterias, los flecos de las ropas de cuatro puntas –*tzitzit*–; y quien los revisa se le prolongarán sus días.

## Día 11

El día 11 del mes es muy auspicioso para organizar un día festivo para los sabios, dándoles de comer y de beber, y otorgarles generosamente de los frutos de la generosidad. Hacer un banquete de este tipo es muy apropiado para quienes carecen de hijos, y desean tenerlos, y para recibir la bendición de ellos –los sabios–. En este día nació Shet, y acerca de él está dicho: «Adán volvió a conocer a su mujer, y ella concibió un hijo y lo llamó Shet, pues dijo: "Dios me ha dado –*shat*– otro hijo –simiente– en lugar de Abel, pues Caín lo ha matado"» (Génesis 4:25). Y este día es bueno para todo asunto.

## Día 12

El día 12 del mes, numerosos sabios sostienen que es bueno para sembrar, y para toda labor del campo. Y es un día auspicioso para el enfermo. Y si la persona se conduce con pureza, sumergiéndose en el baño ritual para purificarse, y ayunando, en ese día invocará a El Eterno, y Él le responderá.

## Día 13

El día 13 del mes se recomienda no cortarse el cabello y ser cuidadoso con toda labor de la cabeza, incluso con el peinado. También con los productos cosméticos y los buenos óleos que se colocan en la cabeza, que deben ser disminuidos en ese día. Y es muy propicio visitar al rabino en ese día, y recibir su bendición. Y, si la persona invita a su casa un huésped en ese día, romperá el mal designio sentenciado en su contra, y ninguna afección se acercará a su morada. Asimismo, este día es auspicioso para estudiar el libro del Génesis.

## Día 14

El día 14 del mes Noé bendijo a sus hijos. Este día es bueno para todo asunto. Y quien nace en este día será grande y justo, y se prolongarán sus días. Este día es muy auspicioso para estudiar en él el libro de Deuteronomio, y también es muy auspicioso para estudiar en él el quinto libro de los Salmos.

## Día 15

El día 15 del mes es un día propenso para que se generen en él discusiones. Pues en ese día se separaron las lenguas *(véase* Génesis 11:7). Este día es muy propicio para estudiar en él el tratado de Sucá, sobre el cual se dijo: «Su corazón se sostiene –en El Santo, Bendito Sea–; no temerá, hasta que vea en sus enemigos –la caída de ellos–» (Salmos 112:8). Y quién estudia el tratado de Sucá en ese día no será desterrado, ni le ocurrirá ningún percance con un hombre despiadado y cruel.

## Día 16

El día 16 del mes es propicio para disponer en él el palio nupcial para los novios. Y el que se enferma en ese día se levantará rápidamente de su enfermedad. También para los que nazcan en ese día las noticias serán favorables. En ese día nació Najor, el hermano de Abraham. Y quien estudie en este día el libro de Levítico completo tendrá éxito en todos sus emprendimientos.

## Día 17

El día 17 del mes, se debe ser cuidadoso en no entrar a una casa de baños, y no cortarse el pelo. Y un enfermo debe ser cuidado en ese día. Quien nazca en este día tendrá una señal en sus párpados. Es apropiado estudiar en este día el libro Poel Tzedek, u otro libro en el que consten todos los preceptos en forma sintética. Y deben contarse los 613 preceptos, y junto con los siete preceptos rabínicos, constituyen una escritura para ser estudiada en ese día; y ese estudio es auspicioso para romper un mal decreto que hubiera sido sentenciado contra la persona. Y será inscrito en el libro de la buena vida.

### Día 18 del mes

El día 18 del mes, en él nacieron Jacob y Esaú. Quien nazca en este día será para él una buena señal, y tendrá vitalidad. Este día es propicio para estudiar en él todo el libro de los Jueces, y ayudará a salvarse del mal de ojo, del odio y de la envidia durante todo el mes.

### Día 19 del mes

El día 19 del mes traerá una buena noticia para el enfermo. Asimismo este día es propicio para todo asunto y toda labor. En ese día nuestro patriarca Isaac tomó para él una mujer para casarse con ella. El que nazca en ese día será de buen aspecto. Este día es propicio para que la plegaria sea oída. Y, si se estudia el libro de los Salmos en grupo, con la sección del sacrificio de Isaac, con concentración, es eso muy auspicioso para que la plegaria sea recibida con buena voluntad, y en tres días se obtenga una respuesta y la misericordia del Omnipresente.

### Día 20 del mes

El día 20 del mes Isaac bendijo a Jacob, y le dijo: «La voz es la voz de Jacob, pero las manos son las manos de Esaú»

(Génesis 27:22). Este día es auspicioso para que la persona abra su mano para dar caridad, y que dé de acuerdo con sus posibilidades; y es bueno para todo asunto. Y es muy bueno que organice un banquete para los sabios, y reciba la bendición de ellos.

## Día 21

El día 21 del mes es muy duro para el enojo y las discusiones. Pues el enojo daña en ese día. Y debe cuidarse a los niños para que no vayan a la feria; y más aun si van con la cabeza descubierta y descalzos, Dios libre, pues en ese día hay una hora que no es adecuada. Y, para salvarse de esa hora, es recomendable estudiar la sección del incienso, la sección del sacrificio de Isaac y la sección del Candelabro –Menorá–; y con la ayuda de El Eterno se salvará. Y es apropiado y bueno redimir su alma dando caridad a los pobres.

## Día 22

El día 22 del mes es bueno para todo asunto. En este día nació José el justo, que la paz esté con él. Pero si una mujer aborta en ese día, estará en peligro, Dios libre. Y desde la medianoche en adelante, es momento de buena voluntad para recibir curación. Al respecto fue dicho: «En momento de –buena– voluntad te respondí» (Isaías 49:8). Y debe cuidarse mucho de no cometer ninguna falta ni pecado en este día.

**Día 23**

El día 23 del mes es bueno; en él nació Benjamín el justo. Es propicio incrementar el estudio en este día. Y para aquellos que no tienen hijos, y desean tenerlos, es propicio estudiar en este día los libros de Samuel I y II. Y se debe rezar a El Santo, Bendito Sea, por hijos, y Él responderá.

**Día 24**

El día 24 del mes la persona debe cuidarse de todo asunto, pues es un día medianamente complicado. Y se debe cuidar a los niños pequeños y a los grandes, a los varones y a las mujeres, para que no vayan con la cabeza descubierta y descalzos. Y el que nace en ese día morirá de modo anormal. Y ese día es propenso para el mal de ojo. Por eso es propicio dar caridad a los pobres en este día, para rectificarlo y endulzarlo.

**Día 25**

El día 25 del mes no es bueno para ninguna cosa. En ese día no se recomienda entrar en la casa de baños para bañarse, ni cortarse el pelo. Quien nace en este día perecerá a través del metal, Dios libre. Y quien esté obligado a hacer algo en este día, es apropiado que estudie el IV libro de los Salmos. Asimismo, es recomendable que lea los versículos asociados a su nombre. Pues en el Salmo 119 hay ocho versículos que comienzan con cada una de las veintidós letras del alfabeto. Y la persona ha de leer esos versículos, siguiendo el orden de las letras de su nombre. Y así se merecerá que El Eterno proyecte sobre él su bondad.

## Día 26

El día 26 del mes es muy bueno para toda labor. Es propicio estudiar en este día la sección del libro de los profetas –*aftará*– que se lee en el Día del Perdón, es decir, el libro de Jonás.

## Día 27

El día 27 del mes es medianamente bueno para todo asunto y toda adquisición. Y es un día muy propicio para la oración, y desde el mediodía en adelante es momento de buena voluntad.

## Día 28

El día 28 del mes es muy bueno, y propicio para ayunar, al igual que el día 29 y el día 30. Y no debe olvidarse dar caridad, pues eso es muy auspicioso, además de incrementarse en el estudio de acuerdo con las posibilidades. Y, en especial, es recomendable estudiar el libro de los Salmos, y esforzarse en el día de ayuno en no hablar cosas vanas (*véase* Niflaim Maaseja; Sefer Atidot; Sefer Jizaión; Segulot Israel).

## El poder de los designios

Hemos apreciado que los designios astrológicos son muy poderosos y, aunque no es correcto consultar a los astrólogos, se recomienda ser precavido con lo que se sabe, o de lo que uno se enteró (Código Legal Shulján Aruj: *Ioré Deá* 179:2, Ram"á).

En el Talmud se enseñó acerca de este asunto: un día los sabios de Babilonia necesitaban designar al director de la academia principal de estudios, y debían elegir entre Rab Iosef y Raba, los eruditos más destacados. Por eso enviaron a preguntar a los sabios de la Tierra de Israel, para que les respondieran: «Sinaí –es decir, un sabio poseedor de vastos conocimientos–, o *oker harim* –el que arranca montañas, es decir, un sabio que tiene una gran capacidad de deducción–, ¿cuál de ellos tiene prioridad?».

Los sabios de la Tierra de Israel les enviaron esta respuesta: «Sinaí tiene prioridad, pues todos necesitan al poseedor de grano». Es decir, todos necesitan a aquel que reunió mucho grano y tiene para vender; aludiéndose al que reunió vastos conocimientos.

Los sabios ofrecieron la dirección de la academia a Rav Iosef, y él no aceptó. La razón era porque los astrólogos caldeos le habían dicho: «Reinarás dos años».

Rav Iosef comprendió que reinaría sólo dos años y después moriría. Entonces consideró la enseñanza talmúdica que declara: «quien presiona al momento, el momento lo presiona a él», y desestimó el nombramiento.

En su lugar asumió Raba, que fue director de la academia de Pumbedita durante veintidós años. Y, después de que murió, Rav Iosef aceptó el cargo y ejerció como director de la academia durante dos años y medio (Talmud, tratado de Berajot 64a).

Hemos apreciado que Raba tuvo en cuenta lo que le dijeron los astrólogos, y no sólo se mereció no ser desplazado por el momento, sino que además, cuando asumió, reinó seis meses más de lo pronosticado por los astrólogos.

## El modo de enfrentar un designio negativo

Ya hemos visto la enseñanza talmúdica que revela lo tocante a la influencia de los astros en las características naturales de la persona. Y Rabí Janina agregó: «La irradiación de los astros enriquece y torna sabia a la persona» (Talmud, tratado de Shabat 156).

Antes bien, ¿existe alguna posibilidad de modificar estos designios? Rabí Iojanán dijo en forma contundente: «No hay designio astral para los Hijos de Israel». Y Rav también estuvo de acuerdo y dijo: «No hay designio astral para los Hijos de Israel».

Es decir, si bien es cierto que la influencia de los astros es evidente y determinante para limitar la tendencia natural de los hombres, existe la posibilidad de revertirla.

Ésta es la fuente de Rabí Iojanán a partir de la cual obtuvo su conjetura: «Así dijo El Eterno: "No aprendáis el camino de las naciones, ni de las señales del Cielo tengáis temor, aunque las naciones las teman"» (Jeremías 10:2).

Rab Iehuda escuchó de Rav la fuente a partir de la cual obtuvo su conjetura y la enseñó: «Y Él lo llevó afuera, diciendo: "Contempla, ahora, en dirección al Cielo, y cuenta las estrellas, ¡si es que puedes contarlas!". Y Él le dijo: "¡Así será tu descendencia!"» (Génesis 15:5).

Esta última cita requiere análisis. Pues en el versículo se señala lo que Dios le dijo a Abraham en una visión. Como está escrito previo a esta declaración: «Después de estos hechos, la palabra de El Eterno le llegó a Abraham en una visión, diciendo: "No temas, Abraham, Yo soy un escudo para ti; tu recompensa es muy grande". Y dijo Abraham: "Señor mío, El Eterno: ¿Qué puedes darme, si yo no tengo hijos y el encargado de mi casa es Eliezer, el damasceno?". Dijo Abraham: "He aquí que no me has dado simiente; y mi encargado me hereda". Y la palabra de El Eterno llegó a él, diciendo: "No te heredará él. Únicamente aquel que saldrá de tus entrañas te heredará"» (Génesis 15:1-4).

Siendo así, dado que se trataba de una visión, ¿por qué Dios lo llevó fuera? ¿Acaso no le podía transmitir el mensaje mientras Abraham permanecía en su tienda? *(Véase* exégesis de Maarsha).

Resulta evidente que hay aquí un gran misterio encerrado. Por eso se explica en el Talmud: en realidad Abraham le había dicho a Dios: «Amo del mundo: ¿acaso el encargado de mi casa me heredará?».

Dios le respondió: «¡No! Únicamente aquel que saldrá de tus entrañas te heredará».

Abraham le dijo a Dios: «Amo del mundo: he observado en mi carta astral y he visto que no soy apto para engendrar hijos».

Dios le respondió a Abraham: «Sal de tus designios astrológicos, pues no hay designio astral para los Hijos de Israel».

Y entonces Dios le dijo: «¿Qué piensas en lo relacionado con tu infertilidad? ¿Acaso crees que se debe a que el astro que irradió su energía en el momento en que naciste –es decir Júpiter–, se encuentra en el oriente, en un lugar frío e impide el nacimiento de hijos? Ése no es ningún impedimento, pues volveré a acomodar los astros y dispondré a Júpiter en el occidente, que es un lugar cálido, y serás propicio para engendrar hijos». A esto se refiere lo que está escrito: «¿Quien despertó del oriente a Tzedek –Júpiter–, llamándolo en pos de Él?» (Isaías 41:2).

Se aprecia que es posible merecer la modificación del destino marcado en las estrellas. Pues, tal como se enunció arriba, quien nace bajo la influencia de Júpiter será una persona recta en relación con la observancia de la ordenanza Divina. Y Abraham lo fue, tal como está escrito en numerosos pasajes del Pentateuco. Como está escrito: «El Eterno le dijo a Abraham: "Vete de tu tierra, de tus familiares y de la casa de tu padre, a la tierra que he de mostrarte. Y Yo te convertiré en una gran nación; te bendeciré y engrandeceré tu nombre, y tú serás una bendición. Bendeciré a aquellos que te bendigan, y al que te maldiga, lo maldeciré; y todas las familias de la tierra se bendecirán en ti". Y Abraham se fue, como El Eterno le había mandado» (Génesis 12:1-4). Y posteriormente se declara: «Pues Yo lo he amado, porque él ordena a sus hijos y a su familia que sigan el camino de El Eterno, haciendo caridad y justicia, para que El Eterno traiga sobre Abraham aquello de lo que le había hablado» (Génesis 18:19). Es decir, Abraham se amerito gozar de este sensacional hecho, que Dios alterara el mensaje escrito en las estrellas, posibilitando que le nacieran hijos.

## OTRO SUCESO EXTRAORDINARIO

A continuación se narra en el Talmud otro suceso revelador: Shmúel estaba sentado junto a Ablet, que era un reconocido astrólogo gentil. Entretanto pasaron unos individuos en dirección a los cañaverales, donde trabajaban en la recolección de cañas.

Ablet le dijo a Shmúel: «Aquel individuo irá a los cañaverales para hacer su trabajo pero no regresará, pues lo morderá una víbora y morirá».

Shmúel le dijo: «Si ese hombre pertenece a los Hijos de Israel podrá salvarse y no se cumplirá lo que has visto en las estrellas. Esto será posible en caso de que posea un mérito adecuado».

Aún se encontraban sentados en el mismo lugar, y he aquí que aquel hombre regresó sano y salvo de los cañaverales. Ablet se puso de pie y arrojó de sobre los hombros del individuo la carga que llevaba. Halló una serpiente seccionada en dos partes, aprisionada entre las cañas. Significaba que el hombre la había seccionado con su herramienta de trabajo mientras cortaba cañas, sin darse cuenta de lo sucedido.

Shmúel intervino en ese momento y le preguntó al hombre: «¿Qué has hecho que te ha permitido salvarte?».

El hombre le dijo: «Cada día todos los trabajadores depositaban su pan que comerían en una canasta común y comían juntos. Uno de nosotros se encargaba de recolectar de cada uno el pan. Y el día de hoy sucedió que uno de los hombres del plantel no poseía pan. Por eso seguramente se avergonzaría cuando pasaran con la canasta y él no colocara nada en la misma. Entonces me levanté y les propuse a mis compañeros: "Yo pasaré con la canasta y recogeré el pan". Cuando pasé junto a ese hombre, simulé tomar de él pan y colocarlo en la canasta, para no avergonzarlo».

Shmúel le dijo al hombre: «Has cumplido un precepto, y por eso te has salvado de los designios inscritos en los astros».

Shmúel salió de donde se encontraba y fue a disertar sobre la base de lo que había presenciado. Dijo: «Está escrito: "La justicia —*tzedaká*— salva de la muerte" (Proverbios 10:2). Pero habéis de saber que no sólo salva de una muerte horrenda, propiciando una muerte serena, sino que salva de la muerte propiamente dicha y otorga vida» (Talmud, tratado de Shabat 156b).

Esto es así porque el pobre carece de todo y es considerado como un muerto que está desprovisto de todo. Por eso, el que hace justicia con un pobre le otorga vida, y de ese modo la persona que hizo este gran acto se adjudica medida por medida la vida (*véase* explicación de Maaral).


## Designio revertido

A continuación se narra en el Talmud este suceso asombroso: Rabí Akiva tenía una hija. Los astrólogos le habían dicho: «El día que hagas entrar a tu hija al palio nupcial, la morderá una víbora y ella morirá».

Rabí Akiva estaba muy preocupado por este asunto. Cuando llegó el día de la boda de su hija, ella tenía un atavío de oro con el que ornamentaba su cabeza.

Ella –por la noche– insertó el atavío en la pared. Y la punta del mismo se incrustó en el ojo de una víbora que se encontraba en el interior, perforándole el cerebro y causándole la muerte.

Por la mañana, cuando la hija de Rabí Akiva tomó su atavío, advirtió que el objeto arrastraba una serpiente que se encontraba insertada en él.

La mujer se conmovió por lo que había sucedido y se lo contó a su padre. El progenitor le dijo: «Hija mía, ¿qué has hecho para salvarte de la mordedura de la víbora por ese mérito?».

Ella le contó: «Ayer vino un pobre que se situó en la puerta y pedía ayuda. En ese momento todos estaban concentrados en la celebración de la boda, participando del banquete, y nadie le oyó. Por eso me levanté, tomé la porción que me habían traído, y se la entregué al menesteroso».

Rabí Akiva salió y fue a disertar sobre la base de lo que había escuchado. Dijo: «Está escrito: "La justicia –*tzedaká*– salva de la muerte" (Proverbios 10:2). Pero habéis de saber que no sólo salva de una muerte horrenda, propiciando una muerte serena, sino que salva de la muerte propiamente dicha y otorga vida» (Talmud, tratado de Shabat 156b).

# XIII

# LA ELECCIÓN CORRECTA

Ya hemos visto que a través de la Cábala se pueden combatir todas las enfermedades, dolencias y aflicciones, y con la ayuda de El Santo, Bendito Sea, superarlas. Y hemos apreciado que uno de los medios más efectivos es un *kameia*, el cual será eficaz únicamente si el que lo escribe cumple todos los requisitos mencionados previamente. Ahora bien, cuando se necesita un *kameia*, ¿cómo se reconoce la aptitud de la persona que lo escribió, o que lo escribirá por encargo nuestro? ¡El conocimiento de este dato es imprescindible. Y lo mismo ocurre con una *mezuzá*, o cualquiera de las soluciones que hemos mencionado. Siempre hay que dirigirse a una persona apropiada, y que reúna las condiciones adecuadas. Se debe consultar a quien sea temeroso de Dios, y no equivocarse. Pues de nada servirá obtener un *kameia*, o una *mezuzá*, escritos por una persona inapropiada.

## LA REVELACIÓN TALMÚDICA

En el Talmud se informa de que es posible reconocer a una persona temerosa de Dios. Observad lo que está escrito en el tratado de Berajot: estudiaron los sabios: Ocurrió un suceso con un alumno que fue ante Rabí Iehoshúa y le preguntó:

—¿La plegaria nocturna es opcional u obligatoria?

Rabí Iehoshúa le dijo:

—Es opcional

El alumno fue ante Rabán Gamliel y le preguntó:

—¿La plegaria nocturna es opcional u obligatoria?

Rabán Gamliel le dijo:

—Es obligatoria.

El alumno le dijo:

—Pero Rabí Iehoshúa me dijo que es opcional.

Rabán Gamliel le dijo:

—Aguarda a que entren los sabios en la Casa de Estudio.

Cuando los eruditos entraron en la Casa de Estudio, el que preguntaba se puso de pie y preguntó:

—¿La plegaria nocturna es opcional u obligatoria?

Rabán Gamliel le dijo:

—Es obligatoria.

Y Rabán Gamliel les dijo a los sabios:

—¿Hay alguien que está en desacuerdo con esto?

Rabí Iehoshúa le dijo:

—No.

Rabán Gamliel le dijo a Rabí Iehoshúa:

—Pero me han dicho en tu nombre que tú has dicho que es opcional –Y le dijo–: Iehoshúa, ponte de pie y testificarán sobre ti.

Rabí Iehoshúa se puso de pie y dijo:

—Si yo estuviera vivo y él muerto, el vivo podría debilitar el testimonio del muerto; pero ahora que yo estoy vivo y él está vivo, ¿cómo el vivo podría debilitar el testimonio del vivo?

## Una protesta general

Rabán Gamliel estaba sentado y disertaba, mientras Rabí Iehoshúa estaba de pie.

Esto fue así hasta que todo el pueblo comenzó a impacientarse, y le dijeron a Jutzpit el vocero de Rabán Gamliel –que transmitía en voz alta sus palabras a toda la congregación:

—¡Detente!

Y él se detuvo. Entonces dijeron:

—¿Hasta cuándo seguirá haciéndolo sufrir? El año pasado, en el Año Nuevo, lo hizo sufrir; con los primogénitos del suceso de Rabí Tzadok lo hizo sufrir, y ahora también lo hizo sufrir. ¡Destituyámoslo! –Y plantearon–: ¿A quién designaremos en su lugar?

Algunos dijeron:

—Designemos a Rabí Iehoshúa.

Pero lo descartaron, pues era el protagonista del suceso. Entonces dijeron:

—Designemos a Rabí Akiva.

Pero lo descartaron, pues carecía de méritos de los ancestros. Por eso dijeron:

—Designemos a Rabí Eleazar, el hijo de Azaria, que es sabio, adinerado, y el décimo –descendiente– de Esdras.

Y explicaron:

—Es sabio, y si le preguntara algo, podrá responderle; es adinerado, y si intercediera ante el emperador, él también podrá ir e interceder; y es el décimo –descendiente– de Esdras, por lo que posee el mérito de los ancestros, y –Rabán Gamliel– no lo podrá castigar.

## LA GRAN PROPUESTA

Fueron y le propusieron a Rabí Eleazar, el hijo de Azaria:

—Señor, ¿estarías de acuerdo en convertirte en el líder de la Academia?

Rabí Eleazar, el hijo de Azaria, les dijo:

—Iré y lo consultaré con la gente de mi casa.

Fue y lo consultó con su esposa, y ella le dijo:

—Tal vez –en el futuro– te remuevan del cargo.

Él le respondió:

—Si hoy la persona tiene un vaso valioso, que lo utilice, y si mañana se quiebra, se quiebra.

Ella le dijo:

—No tienes barba blanca –y pareces demasiado joven para ser el primer mandatario.

Ese día Rabí Eleazar, el hijo de Azaria, tenía 18 años de edad, y le aconteció un milagro y se le formaron doce mechones de barba blanca. Tal como declaró Rabí Eleazar, el hijo de Azaria:

—He aquí yo soy como de 70 años *(véase* Talmud, tratado de Berajot 12b). Y no –dijo– de 70 años.

Fue estudiado: ese día quitaron al guardia de la entrada y les fue concedido permiso a los estudiosos para entrar. Pues Rabán Gamliel pregonaba y decía:

—Todo estudioso que no sea en su interior como lo que manifiesta exteriormente no ha de entrar en la Casa de Estudio (Talmud, tratado de Berajot 27b).

Se aprecia que en la época del Talmud se podía reconocer a una persona que piense en su interior lo que manifiesta exteriormente. Es decir, se sabía reconocer cuándo la persona era temerosa de Dios (Maarsha).

## El reconocimiento interior

Ahora bien, ¿cómo se sabía esto? En el Zohar se enseña que había sabios que conocían el secreto de la interpretación de las líneas del rostro, las cuales reflejan exteriormente el interior de la persona.

¡Observad esta cita del Zohar: Rabí Shimón giró su cabeza y vio a Rabí Iehuda y a Rabí Jizkia que habían llegado a él. Después de terminar su estudio los observó y les dijo:

—Yo veo que poseíais un tesoro y lo habéis perdido (II Zohar 86b).

Se aprecia claramente que los observó y supo lo que les ocurría. ¿Y cómo lo supo? Porque los observó a través del misterio de la sabiduría que permite interpretar el rostro de la persona –*jojmat hapartzuf*–. Y al ver lo que les ocurría les reveló que sabía de la aflicción de ellos por un asunto de la Torá que no comprendían.

Este asunto es explicado con mayores detalles en el apartado denominado «Los Misterios Recónditos –*Razei Derazin*–», en la sección Itró del Zohar.

## Los misterios revelados

Veamos un fragmento de ese texto con la correspondiente explicación: El misterio de los misterios de los secretos de la Torá sagrada e íntegra está indicado en lo que Itró le dijo a Moisés: «Y elegirás –*tejezé*– entre todo el pueblo hombres con recursos, personas temerosas de Dios, hombres de verdad, personas que odien el soborno, y los designarás líderes de miles, líderes de cientos, líderes de cincuenta personas y líderes de diez personas» (Éxodo 18:21).

La expresión *tejezé* significa literalmente «observar», e indica que Itró le comunicó a su yerno que eligiera a las personas aptas observando sus rostros, concentrándose en el misterio de la sabiduría que permite conocer el interior de la persona observando los rasgos de su rostro. Así podría elegir personas aptas y acordes para juzgar al pueblo apropiadamente.

Este misterio está indicado en el versículo que declara: «Éste es el recuento —*sefer*— de los descendientes de Adán; el día que Dios creó al hombre, lo hizo a semejanza de Dios» (Génesis 5:1). La expresión *sefer* significa literalmente «libro». Es decir: éste es un libro de esos libros ocultos y profundos que contienen los misterios de las personas, tal como el libro de Adán, el libro de Janoj, o el libro del ángel Raziel. En los mismos se explican los misterios del rostro de la persona, y se enseña cómo es posible, a través de contemplar el rostro, saber las acciones de esa persona en este mundo, de acuerdo con el origen y la raíz de su alma en las esferas cósmicas superiores denominadas *sefirot*.

Dijo Rabí Shimón: He alzado mis manos en plegaria a Aquel que creó el mundo, El Santo, Bendito Sea, para merecer atraer de la sabiduría suprema los misterios recónditos de la Torá para poder revelar a los seres humanos el misterio de la sabiduría que permite interpretar el rostro de la persona —*jojmat hapartzuf*—. Pues aunque sea que con este versículo los eruditos primeros que me antecedieron ya han revelado misterios supremos relacionados con la cita bíblica que declara: «Éste es el recuento —*sefer*— de los descendientes de Adán; el día que Dios creó al hombre lo hizo a semejanza de Dios» (Génesis 5:1), donde la expresión *sefer* significa literalmente «libro», resultando que éste es un libro de esos libros ocultos y profundos que contienen los misterios de las personas, aun así, hay que observar y profundizar en los misterios del libro del ancestro Adán. Pues de allí se proyectó el libro oculto del rey Salomón, en el cual reveló el misterio de la sabiduría que permite interpretar el rostro de la persona —*jojmat hapartzuf*— en forma amplia y detallada. Pero aun así estos misterios no habían sido explicados en forma amplia, y por eso he alzado mis manos en plegaria a Quien creó el mundo, El Santo, Bendito Sea, para merecer observar los misterios del libro del ancestro Adán, para poder explicarlos y revelarlos a quienes sean propicios para conocerlos (II Zohar Razei Derazim).

## UNA CLAVE ELEMENTAL

Se aprecia que en los tiempos de antaño era posible reconocer el interior de una persona observando su rostro.

Ahora bien, esos misterios no están al alcance de todos, pero aun así, también en la actualidad podemos reconocer a una persona temerosa de Dios. Pues los sabios nos enseñaron otro medio eficaz que se puede aplicar también ahora, el cual consta en el Zohar, como así en el Talmud, y en el Código Legal —Shulján Aruj.

Este medio es el *kadish,* una oración breve que se recita durante la plegaria, la cual es sumamente importante. Al observar la reacción de la persona cuando se recita el *kadish,* se sabe si es temerosa de Dios.

Veamos lo que se enseña en el Talmud sobre este asunto: Dijo Rabí Iosei:

—Una vez yo marchaba por el camino y entré en unas ruinas de las que hay en Jerusalén, para orar. Entonces se apareció Elías y me aguardó en la entrada. Él permaneció allí hasta que acabé de orar. Cuando concluí la oración, me dijo: «La paz sea contigo, Rabí». Le dije: «La paz sea contigo, Rabí y maestro». En ese momento, me dijo: «Hijo mío, ¿por qué entraste en esas ruinas?». Le respondí: «Para orar». Él me dijo: «Debías haber orado en el camino». Le respondí: «Es que temía que me interrumpieran los caminantes». Me dijo: «Debías haber recitado una plegaria breve».

Rabí Iosei reconoció: En ese momento aprendí de él tres cosas:

- ✓ No se entra en una casa en ruinas.
- ✓ Se ora en el camino.
- ✓ Se ora una plegaria breve estando en el camino.

## UN SONIDO DE PALOMA

Tras impartirse esta importante enseñanza, en el Talmud se narra lo que sucedió después:

Rabí Iosei contó: Elías me dijo: «Hijo mío, ¿qué tipo de voz has oído en esas ruinas?». Y yo le respondí: «Escuché un eco semejante al sonido emitido por las palomas que decía: ¡Ay de mis hijos que por causa de sus pecados destruí Mi Casa, quemé Mi Templo, y los exilié entre las naciones!».

Elías me dijo: «¡Por tu vida! No solamente en ese momento dice eso, sino que lo hace tres veces cada día. Y no sólo eso, sino que cuando los Hijos de Israel entrar en las sinagogas y en las casas de estudio y responden: "Sea Su gran Nombre bendecido", en ese instante El Santo, Bendito Sea, asiente y manifiesta: "Bienaventurado el Rey que era alabado en su Casa; y ahora, qué será del Padre que ha desterrado a sus hijos –y ya no recibe la alabanza de ellos como en el pasado–; y ay de ellos, los hijos que han sido exiliados de la mesa de su padre"» (Talmud, tratado de Berajot 3a).

## LA REVELACIÓN SUPREMA

La declaración: «Sea Su gran Nombre bendecido» es parte esencial de la oración denominada *kadish*.

Además, en el tratado talmúdico de Sotá consta esta importante enseñanza: El mundo, ¿cómo se sostiene? Por la alabanza denominada *Sidrá de Kedushá*, y «Sea Su gran Nombre bendecido» (Talmud, tratado de Sotá 49a).

Se aprecia que *kadish* es una alabanza muy importante. Por tal razón, en el Código Legal se estableció: Es necesario concentrase para responder al recitado del *kadish*.

Y no debe interrumpirse entre la declaración: «Sea su gran Nombre» y «bendecido». Y debe responderse en voz alta, y la persona ha de esforzarse en correr para escuchar el *kadish* (Código Legal –Shulján Aruj–: *Oraj Jaim* 56:1; Apéndice –*hagaá*–).

En la exégesis denominada Beer Hagolá se mencionan las fuentes de las resoluciones legales que constan en el Código Legal. Y se manifiesta que lo que fue enunciado: «y la persona ha de esforzarse en correr para escuchar el *kadish*», se basa en una enseñanza del Zohar.

223

## El suceso de la medianoche

Ésta es esa enseñanza: Rabí Jía y Rabí Iosei habían emprendido un viaje y se hospedaron en una hostería. Cuando llegó la medianoche, se levantaron para ocuparse de la Torá. La hija del hospedero se dio cuenta y también se levantó para encender una vela, de modo que tuviesen luz para concentrarse en el estudio de la Torá.

Después de iluminar la habitación, la mujer se quedó de pie, a espaldas de los sabios, pues deseaba escuchar las palabras de Torá que pronunciaban.

Rabí Iosei abrió la disertación mencionando el versículo que declara: «Porque la vela es precepto, y la Torá es luz; y camino de vida, las represiones que instruyen» (Proverbios 6:23). Significa que el precepto que la persona realiza le alumbrará como una vela; y la Torá que estudia le iluminará como la luz del día. Ahora bien, lo que está escrito: «Porque la vela es precepto», indica que todo el que se esfuerza en este mundo en cumplir los preceptos de la Torá, en retribución se le dispondrá una vela por cada precepto que cumpla, para que le ilumine en el Mundo Venidero.

## La luz suprema

Respecto a lo que está escrito a continuación: «Y la Torá es luz», indica que quién se ocupa de la Torá, estudiándola apropiadamente, se amerita esa luz suprema de la que se enciende la vela. Pues una vela sin luz –el fuego que la enciende– carece de importancia, ya que se apaga inmediatamente; y tampoco la luz sin vela tiene importancia, pues no puede iluminar. Resulta que uno necesita al otro ineludiblemente. Por eso es necesario cumplir los preceptos, para acondicionar la vela; y debe ocuparse de estudiar la Torá, para proporcionar luz a la vela. Por tal razón: ¡Bienaventurado quien se ocupa de la Torá, el medio que proporciona la luz, y cumple los preceptos, el medio que acondiciona la vela!

## El camino que conduce a la luz

Ahora bien, a continuación está escrito en el versículo: «Y camino de vida son las represiones que instruyen». Se refiere al camino de vida que conduce al Mundo Venidero. Y lo obtiene quien acepta con alegría y rostro apacible las represiones de aquellos que le advierten que está cometiendo un error. De ese modo, atesorará alimento para el camino que conduce al Mundo Venidero y, cuando llegue allí, podrá disfrutar del pago que hay preparado para él por el estudio de la Torá realizado en este mundo y los preceptos cumplidos.

Además, la declaración: «Y camino de vida son las represiones que instruyen», se refiere a las represiones que El Santo, Bendito Sea, envía a la persona. Las mismas llegan en forma de flagelos, para que la persona sea limpiada de toda falta. Por eso: ¡Bienaventurado quien recibe los flagelos que le sobrevienen con amor y buena voluntad!

## Otro sendero que lleva al mismo lugar

Otro modo de explicar el asunto: «Porque la vela es precepto», se refiere a la vela a la que se aferraba el rey David –la Torá oral–.

Esta rectificación debe realizarse permanentemente, estudiando la Torá oral y cumpliendo los preceptos según la ley. Y ella no ilumina mediante todas estas rectificaciones mencionadas, sino a través de la Torá escrita. Resulta que la Torá oral no posee luz propia, sino que la recibe de la Torá escrita, y cuando esto sucede, ilumina. Tal como ocurre con la Luna y el Sol: la Luna no posee luz propia, pero al ser iluminada por el Sol también ella irradia luminosidad.

## Elevación suprema

Rabí Iosei, después de pronunciar estos estudios de la Torá tan elevados, observó detrás de él, y vio a la hija del hospedero que permanecía de pie, detrás de ellos. Por eso mencionó una explicación que estaba dirigida también a ella. Dijo: «Porque la vela es precepto». ¿Cuál es la vela del precepto? Y respondió: La vela que fue ordenada a las mujeres encender en la víspera del Shabat. Pues esa vela está asociada al misterio de la Presencia Divina, denominada Shejiná. Y la mujer se convierte en el vehículo de este ente superior, al cual rectifica a través del encendido de la vela del Shabat. Y, aunque sea que las mujeres no tienen el mérito del estudio de la Torá, pues no tienen obligación de estudiarla como sus maridos, los esposos de ellas las ameritan a través del estudio de ellos, ya que traen la luz que ilumina la vela acondicionada y rectificada por las mujeres a través del precepto del encendido de la vela del Shabat.

Resulta que a través de este precepto las mujeres se ameritan la rectificación de la vela, y los hombres se ameritan el estudio de la Torá, mediante el cual encienden la vela para que ilumine, rectificando completamente el precepto que las mujeres deben cumplir.

## La sensibilidad de una mujer

Cuando la mujer escuchó las palabras pronunciadas por Rabí Iosei comenzó a llorar. Entretanto, entró el padre de ella y vio a su hija de pie detrás de ellos, llorando. El progenitor le preguntó:

—Hija mía ¿Por qué lloras?

Y ella le contó lo que había escuchado de Rabí Iosei, que los hombres, a través del estudio de la Torá iluminan la vela del precepto de las mujeres. Al oírlo, también el padre de ella comenzó a llorar. Rabí Iosei le preguntó:

—¿Tal vez lloráis porque vuestro yerno no se mereció estudiar la Torá?

## La historia del yerno

El hombre respondió:

—¡Ciertamente que es así! ¡Por esa causa yo y mi hija lloramos siempre! Y la razón por la que escogimos a este hombre se debió a que un día lo vi saltando el techo de una casa para escuchar el *kadish* con la congregación y responder a esa alabanza. Entonces pensé que él era apropiado para ofrecerle a mi hija por mujer. E inmediatamente después que todos se retiraron, le propuse que tomara a mi hija por esposa. Pues pensé que si saltó de ese modo para escuchar el *kadish,* seguramente se trataba de un hombre importante y distinguido en el estudio de la Torá, aunque aún era joven. Y antes de este suceso, jamás lo había visto. Pero ya me he dado cuenta de que ni siquiera sabe recitar la bendición para después de comer pan, y no puedo traerlo para que estudie la Torá con los estudiosos, para que aprenda a recitar el Shemá y la bendición para después de comer pan.

## UNA VISIÓN ERUDITA

Rabí Iosei le dijo:

—¡Cámbialo por otro! ¡O tal vez, este hombre tendrá con tu hija un hijo que se convertirá en un erudito de la Torá!

Entretanto, el joven que se había casado con la hija del hospedero se levantó, y de un salto entró en la sala y se sentó ante ellos. Rabí Iosei lo observó, y dirigiéndose al dueño del hospedaje, le dijo:

—Ciertamente veo en este joven que de él saldrá al mundo la luz de la Torá; o de un hijo que engendrará.

## EL JOVEN ENTRA EN ACCIÓN

El joven al oír las palabras de Rabí Iosei, rio. Se dirigió a los sabios y les dijo:

—Maestros: es mi deseo deciros algo.

Después de solicitar permiso para hablar, abrió su discurso citando el versículo que declara: «Respondió Elihu, el hijo de Barajel, el buzita: yo soy joven de días, y vosotros sois ancianos;

por tanto he temido, y he sentido miedo de exponeros mi opinión» (Job 32:6). Este versículo ya ha sido analizado y explicado por grandes sabios que fueron pilares del mundo, pero ahora yo lo explicaré de modo diferente: Elihu era de la familia de Ram, como está escrito: «Elihu, hijo de Barajel, el buzita, de la familia de Ram» (Job 32:2).

Y los sabios revelaron que Elihu provenía de la descendencia de Abraham, y eso es correcto. Pero yo agregaré algo a las palabras de ellos: Elihu era sacerdote, y provenía de la simiente del profeta Ezequiel. La razón de mi aseveración se debe a que está escrito aquí, acerca de Elihu: «hijo de Barajel, el buzita»; y está escrito allí, en el libro de Ezequiel: «Ezequiel, hijo de Buzi, el sacerdote» (Ezequiel 1:3).

Ahora bien, es posible decir que *buzi* proviene del término *bizaión,* que significa «desprecio»; y se lo denomina de ese modo porque pertenecía a una familia que era despreciada. Sin embargo, no es así, pues en el versículo se declara a continuación: «de la familia de Ram». Y *ram* significa «grande y sublime». Es decir, una familia superior a las demás.

## EL SECRETO DE UN HOMBRE

Siendo así, ¿por qué se lo denomina *buzi?* Porque se despreciaba a sí mismo, desconsiderándose ante los demás hombres, a los cuales creía superiores a él. Por eso se lo denominó *buzita,* un nombre sublime, como el de Ezequiel. Y ésta es la causa por la que Ezequiel se denomina «hombre –*adam*–», porque estaba completo en todas sus cualidades. En cambio esto no era así con los demás hombres de su generación. A esto se refiere lo que está escrito: «Y tú, hijo de hombre –adam– [...]» (Ezequiel 2:6). Es decir, tú, Ezequiel, eres llamado hombre –adam–, y ningún otro. Y por cuanto que Elihu mereció ser llamado así, *buzita,* se lo llama sublime –*ram*–, superior a todos.

Ésta es la razón por la que Elihu dijo: «Yo soy joven de días –*leiamim*–» (en el texto original hebreo está escrito *leiamim,* que significa literalmente: «por días», cuando debería estar escrito *miamim,* que significa: «de días»).

¿Cuál es la razón por la que está escrito: *leiamim?* Porque su intención fue revelar: yo soy joven, por tanto, me he despreciado a mí mismo, empequeñeciéndome ante un hombre que posee muchos días –es decir, un anciano–. ¿Por qué razón? Pues dije: «Los días hablarán, y los muchos años otorgarán sabiduría» (Job 32:7).

Por eso dije: yo soy joven, por tanto, me he despreciado a mí mismo, empequeñeciéndome ante un hombre que posee muchos días, y vosotros sois ancianos, por tanto, he temido, y he sentido temor de exponeros mi opinión, hasta que vi que no teníais respuesta para resolver el asunto de Job.

## EL JOVEN REVELA EL MISTERIO DE SU SILENCIO

El joven prosiguió diciendo a los sabios: también yo dije: «Ciertamente los días hablarán –del mismo modo como el paso de los días confiere al niño la capacidad de hablar–, y los muchos años otorgarán sabiduría. Mas ciertamente espíritu hay en el hombre, y el alma del Todopoderoso le otorga entendimiento» (Job 32:8). (Es decir, independientemente de la cantidad de años que tenga la persona, existe en su interior un espíritu de sabiduría que la

instruye, y el alma Divina le proporciona la capacidad del entendimiento).

Por tanto, debido a que soy un joven, hice un voto a través
del cual me comprometí a no hablar palabras de Torá hasta que
se completaran dos meses, y hoy se completan los dos meses. Y,
debido a que vosotros os encontráis aquí, puedo abrir mi conver-
sación pronunciando palabras de Torá.

## Una disertación inesperada

El joven abrió su disertación mencionando el versículo que había
sido analizado por los sabios anteriormente: «Porque la vela es
precepto, y la Torá es luz; y camino de vida, las represiones que
instruyen» (Proverbios 6:23).

Y explicó: «Porque la vela es precepto», se refiere al estudio de
la Mishná. Como está dicho: «El Eterno le dijo a Moisés: "Sube
hasta Mí a la montaña y permanece allí, y Yo te daré las Tablas de
piedra y la enseñanza –Torá– y el precepto que he escrito, para
enseñárselos"» (Éxodo 24:12).

«La enseñanza» se refiere a la Torá escrita. «El precepto» se
refiere a la Mishná, o sea, la Torá oral, que no posee luz propia,
sino que la recibe de la Torá escrita.

Y la Torá oral es denominada «vela», la cual está dispuesta
para ser encendida por los que estudian la Torá oral y extraen
sabias deducciones, dando a luz interpretaciones eruditas.
Pues la Torá oral permite extraer numerosas deducciones no-
vedosas, lo que no es así con la Torá escrita, ya que toda explicación que se derive de la Torá escrita es considerada parte
de la Torá oral.

## El joven se revela

El joven prosiguió explicando misterios sumamente profundos, y después dijo: «Y ahora, mis maestros, he de deciros que yo vengo de Babilonia; soy el hijo de Rab Safra, y no tuve el mérito de conocer a mi padre. Y fui arrojado aquí, y temí pronunciar palabras de Torá, pues los moradores de esta tierra son leones en el estudio de la Torá. Por eso hice un voto mediante el cual me comprometí a no pronunciar palabras de Torá ante ningún hombre durante dos meses. Y hoy se han completado. ¡Dichosa mi porción por haberos presentado aquí, y hubo ante quien revelar los secretos de la Torá!».

## Un momento de emoción

Rabí Iosei alzó su voz y lloró de alegría. Y todos se incorporaron y besaron al joven en la frente. Dijo Rabí Iosei: «¡Bienaventurada nuestra parte por habernos ameritado estar en este camino y escuchar las palabras sabias, supremas y eruditas que surgieron de tu boca, algo que jamás habíamos oído hasta ahora!».

Todos se sentaron. Entonces el joven les dijo: «Maestros míos, ya que he visto la aflicción de mi suegro y su hija, pues se acongojaron mucho pensando que no sé recitar la bendición para después de comer pan, yo les dije que, hasta que no aprendiera a hacerlo, no me uniría a mi mujer como es habitual en todas las personas del mundo. Y, aunque sea que hubiera podido acoplarme a ella sin cometer ninguna falta, porque en verdad yo sabía recitar la bendición para después de comer pan, y sabía estudiar la Torá, aun así no quise traspasar el pensamiento de ellos. E hice esto porque no podía decir nada hasta que se cumplieran los dos meses que había prometido».

Todos se alegraron, Rabí Iosei, Rabí Jía, el suegro del joven y su hija. Y lloraron por la inmensa alegría que los había invadido. Rabí Iosei le dijo al joven:

—Yo te pido, ya que has comenzado a hablar de los secretos de la Torá, que nos ilumines la noche con la luz de la Torá, hasta que amanezca y emerja la luz del día. ¡Bienaventurada nuestra parte en este camino! (II Zohar: Terumá).


## LA CLAVE ESENCIAL

Ya vimos acerca de la gran importancia del *kadish,* y que es necesario concentrase para responder al recitado del mismo (Código Legal –Shulján Aruj–: *Oraj Jaim* 56:1). Y se debe ser extremadamente cuidadoso en no hablar en medio del recitado del *kadish* (Mishná Brurá Ibíd.; Baer Eitev Ibíd.; Beit Iosef: *Simán* 128). E incluso es prohibido pensar en palabras de Torá en momentos en que el oficiante recita el *kadish,* pues debe concentrarse mucho en responder el *kadish (Pri Jadash;* Mishná Brurá Ibíd.).

Por tanto, con los detalles de esta ley mencionada, más la enseñanza del Zohar, resulta evidente que tenemos aquí la clave ideal para reconocer a una persona temerosa de Dios. Y esto es fundamental para saber a quién consultar cuando se necesita adquirir una *mezuzá,* un *kameia,* o cualquier otro asunto vinculado con la santidad.

Pues al saber que hay medios cabalísticos para hacer frente incluso los problemas graves, como un *kameia* eficaz, la ilusión es muy grande. Pero no hay que dejarse dominar por la ansiedad y comprar sin averiguar apropiadamente. Pues un *kameia* que no fue escrito por una persona idónea y con la santidad requerida no tendrá ninguna utilidad.

## Importancia de la verificación

Por eso, es fundamental saber quién escribió o escribirá el *kameia,* y también conocer a las personas que nos asesoran. Ese conocimiento incluye tanto lo concerniente a su conducta personal como su temor de Dios.

Lo que respecta a la conducta personal se sabe por observación y referencias. Por ejemplo, si es alguien decente, recto, y equilibrado, vamos por el buen camino. Pero si nos enteramos, o comprobamos, que es deshonesto en los negocios, ¿cómo podremos confiar en él para que nos oriente en un asunto de santidad?

Ése es el primer paso, y el otro, observar su temor de Dios; y para eso se ha de poner en práctica la verificación que hemos mencionado. Observar la conducta de la persona que deseamos consultar durante el recitado del *kadish.* Y eso es muy fácil de hacer, pues bastará con ir a la sinagoga donde reza, y observar. Y, si vemos que mientras se recita el *kadish,* deja todo lo que está haciendo y atiende a la alabanza, vamos por el camino correcto. Pero, si advertimos que habla a través de su teléfono móvil, o conversa con otro individuo, o simplemente lee de algún libro, o recita salmos en ese momento, no es la persona que buscamos. Y debéis saber que hay muchas personas temerosas de Dios que se cuidan de no hablar durante el recitado del *kadish.* En Israel hay decenas de sinagogas donde rezan habitualmente muchas personas que atienden el recitado del *kadish* como es debido.

## Conocimiento esencial

Dada la importancia de los temas que hemos abordado en este libro, aclarar esto que hemos mencionado es esencial. Pues la intención es edificar transmitiendo los conocimientos ancestrales, y no desmoronar la fe y todo lo que edificaron nuestros antepasados con gran esfuerzo y dedicación.

Ahora sí, con la esperanza de que lo que hemos tocado en esta obra sea de utilidad y provecho, me despido deseándoos que logréis alcanzar vuestras metas y halléis solución para todas las aflicciones. También que superéis todos los problemas y las dificultades, y tengáis mucho éxito en vuestros emprendimientos, como así en vuestro crecimiento personal y espiritual.

# ÍNDICE